J.G. Howard

Gottes Willen erkennen und tun

Herold-Buch

Die amerikanische Originalausgabe erschien
unter dem Titel "Knowing God's Will And Doing It"
im Verlag Zondervan Publishing House

Postfach 1220, D-6334 Aßlar

Best.-Nr. 14066
ISBN 3-88936-066-1
1. Auflage 1992

Umschlaggestaltung: Olaf Johannson
Satz: Herold-Schriftenmission e.V.
Druck u. Verarbeitung: Schönbach-Druck
Printed in Germany

INHALT

1

WAS HEISST DAS: DER WILLE GOTTES?

Wie erkenne ich den Willen Gottes für mein weiteres Leben? Als einen der wesentlichsten Punkte im Blick auf den Willen Gottes müssen wir wissen, daß die Bibel diesem Begriff »Wille Gottes« zwei unterschiedliche Bedeutungen zugrunde legt. Diese verschiedenen Bedeutungen und ihr Verhältnis zueinander müssen wir verstehen.

Der Wille Gottes ist der Ratschluß Gottes

Die Heilige Schrift lehrt uns, daß Gott für das Leben eines jeden Menschen einen Plan hat. In Epheser 1,11 steht, daß Gott »alles wirkt nach dem Ratschluß seines Willens«. Hier wird betont, daß Gott alles souverän leitet. Er wirkt an jedem Leben und in jedem Lebensbereich. Er zieht niemanden zu Rate. Der Ratschluß Gottes ist der umfassende, ewige Plan, den Gott für die Welt im allgemeinen und für unser Leben im besonderen zur Ausführung bringen wird.

Kann ich den Ratschluß Gottes für mein Leben erkennen? Ja, nachdem er sich in meinem Leben erfüllt hat! Wie steht es nun mit der Zukunft? Kann ich irgendeinen Teil des Ratschlusses Gottes für mein zukünftiges Leben erkennen? Deine geistliche Stellung und deine ewige Bestimmung sind die beiden einzigen Punkte, über die du Gewißheit haben kannst. Wenn du jetzt gerettet bist, kannst du davon überzeugt sein, daß du für alle

Zukunft gerettet bleibst (Johannes 5,24; 10, 27-29; Römer 5,1; 2. Korinther 5,17). Wenn du kein Christ bist, lebst du jetzt noch in der Sünde, und du kannst gewiß sein, daß du für alle Zeit geistlich tot bleiben wirst, wenn du Jesus Christus nicht ganz persönlich als deinen Erlöser annimmst (Epheser 2,1-3). Wer in Christus ist, kann außerdem mit Gewißheit sagen, daß der Himmel seine ewige Bestimmung ist (Johannes 14,2-3; 2. Korinther 5,6-8; 1. Thessalonicher 4,13-17). Wer in der Sünde lebt, kann gewiß sein, daß die Hölle seine ewige Bestimmung ist, wenn er in der Sünde verharrt (Johannes 3,36; 5,29).

Der Rest deiner Zukunft ist bis zu dem Augenblick vor dir verborgen, in dem sie sich ereignet, denn wir wissen nicht, ob wir den morgigen Tag hier auf Erden erleben werden. Deine Karriere, dein Ehepartner, dein Heimatort, deine Schulbildung, deine Freunde, Krankheiten, Unfälle, Auszeichnungen, Reisen, Einkommen, Ruhestand und so weiter sind Gott in seiner Allwissenheit offenbar, uns jedoch nicht vor der Zeit. Abgesehen von deiner geistlichen Stellung und deiner ewigen Bestimmung kann nichts, was sich in deinem Leben ereignet, mit absoluter Sicherheit vorausgesagt werden.

Wie steht es mit dem Ratschluß Gottes für die Welt im allgemeinen? Wir wissen, daß alles, was sich in der geschichtlichen Vergangenheit ereignet hat, Teil des Ratschlusses Gottes war. Können wir aber über den Ratschluß Gottes für die kommende Zeit irgendeine Aussage machen?

Die Bibel offenbart uns Ereignisse, die in der Zukunft stattfinden werden, wie zum Beispiel die Wiederkunft Jesu Christi, die große Trübsal, das Kommen des Antichristen, die verschiedenen Gerichte, den neuen Himmel und die neue Erde. Wir wissen, daß sich diese Dinge mit Sicherheit ereignen werden, weil Gott es so gesagt hat. Aber es werden sich noch viele, viele andere Dinge ereignen, die nicht im Wort Gottes vorhergesagt sind. Nur Gott weiß mit Gewißheit, wann und wo und warum dies und jenes geschehen wird. Wie soll sich ein Christ dem Ratschluß Gottes gegenüber verhalten? Er sollte ihn als Wirklichkeit, die im Wort Gottes eindeutig gelehrt wird, anerkennen. Es ist gut, in diesem Willen zu ruhen, weil Gott dies selbst sagt. Er läßt denen, die Gott lieben, alles zum besten mitwirken (Römer 8,28). Mache dir darüber hinaus keine Sorgen und versuche nicht, für alles Erklärungen zu finden, denn Gottes Wege sind unerforschlich. »O Tiefe des Reichtums, sowohl der Weisheit als auch der Erkenntnis Gottes! Wie unausforschlich sind seine Gerichte und unausspürbar seine Wege!« (Römer 11,33).

Der Wille Gottes ist der Wunsch Gottes

Die zweite Bedeutung des Begriffes »Wille Gottes« ist gleichbedeutend mit »Wunsch Gottes«. Der Ratschluß Gottes betrifft das, was auf jeden Fall geschehen wird. Der Wunsch Gottes bezieht sich auf das, was sich Gott für das Leben eines jeden Menschen wünscht. Dieser Wunsch ist nicht unausweichlich. Er kann oder kann auch nicht geschehen. Er ist nicht bedingungslos. Er hängt von unseren Entscheidungen ab. Er ist nicht unumstößlich. Wir können selbst wählen, ob wir ihm gemäß handeln wollen oder nicht. Sehr wichtig ist für uns, daß der Wunsch Gottes kein Geheimnis ist. Wir können ihn erkennen und sollten ihn tun.

Im Kolosserbrief spricht Paulus von dem Wunsch Gottes, »daß ihr erfüllt werdet mit der Erkenntniss seines Willens in aller geistlichen Weisheit und Einsicht, damit ihr des Herrn würdig wandelt zu allem Wohlgefallen« (1,9-10). Die Kolosser konnten also den Willen Gottes verstehen und in die Praxis umsetzen. Die Gläubigen werden angewiesen, sich durch die Erneuerung ihres Sinnes zu verändern,»um prüfen zu können, was der Wille Gottes sei« (Römer 12,2).

Das Wort »prüfen« bedeutet, daß wir etwas untersuchen und analysieren sollen. Mit unserem durch das Wort Gottes erneuerten Sinn können wir den Willen Gottes erkennen. Christen müssen verstehen lernen, »was des Herrn Wille sei« (Epheser 5,17). Das griechische Wort für »verstehen« bedeutet wörtlich »zusammenfügen«. Die Erkenntnis des Willens Gottes ist ein Vorgang, in dem wir Einzelheiten aus Gottes Wort und aus seiner Welt zusammenfügen. Hebräer 13,20-21 sagt uns, daß es Gott ist, der uns mit allem Guten ausrüstet, um seinen Willen zu tun.

Diese Verse zeigen uns, daß es einen Willen Gottes gibt, den wir erkennen und ausführen können. Der Wille Gottes ist nicht irgend etwas Tiefes und Geheimnisvolles, das nur von bestimmten Menschen in bestimmten Situationen erfaßt werden könnte. Jeder Gläubige kann ihn erkennen und ausführen. Was sich Gott für dein Leben wünscht, ist zugleich einfach und tiefgründig.

Die Beziehung zwischen dem Ratschluß Gottes und seinem Wunsch

Der Ratschluß Gottes bezieht sich auf das, was unter allen Umständen geschehen wird, der Wunsch Gottes dagegen auf das, was sich Gott für unser Leben wünscht. Wir wissen nicht, was geschehen wird, aber wir wissen sehr wohl, was nach seinem Wunsch geschehen sollte.

2

DER WUNSCH GOTTES FÜR ALLE MENSCHEN

Für den Verlorenen

Was soll nach dem Willen Gottes im Leben des Verlorenen geschehen? In Timotheus 2,4 steht, daß es Gottes Wille ist, »daß alle Menschen gerettet werden und zur Erkenntniss der Wahrheit kommen«. Dies ist sein Wunsch, nicht sein Ratschluß, denn es werden nicht alle erlöst werden. Verse, wie zum Beispiel Johannes 3,16 und Römer 10,13, stellen einen allgemein gültigen Aufruf dar und unterstreichen die Tatsache, daß nach dem Willen Gottes »jeder« erlöst werden sollte. Viele weisen Jesus Christus jedoch von sich und bleiben verloren. Wir kennen nur den Wunsch Gottes für jeden einzelnen, und es liegt in unserer Verantwortung, das Evangelium allen Menschen zu predigen. Jeder, der errettet werden möchte und sich bewußt und aus freien Stücken für Jesus Christus entscheidet, wird errettet werden. Jeder, der diesen Wunsch nicht hat und Jesus Christus bewußt und aus freien Stücken zurückweist, wird verloren sein. Niemand wird gegen seinen eigenen Willen errettet werden. Niemand wird gegen seinen eigenen Willen verloren gehen.

Der Christ kennt den Wunsch Gottes für jeden, der noch nicht errettet ist. Er oder sie soll errettet werden. Du könntest an jedem Platz der Welt einem Verlorenen auf die Schulter klopfen und zu ihm sagen: »Ich kenne Gottes Wunsch für dein Leben. Er möchte, daß du dich retten läßt!«

Für den Erretteten

Du könntest auch jedem Gläubigen auf die Schulter klopfen und zu ihm sagen. »Ich kenne den Willen Gottes für dein Leben. Du sollst in der Heiligung leben.« 1. Thessalonicher 4,1-7 gibt den Christen klare Anweisung hierfür.

»Weiter nun, ihr Brüder, bitten und ermahnen wir euch in dem Herrn Jesus, daß ihr in dem, was ihr von uns gelernt habt, nämlich wie ihr wandeln und Gott gefallen sollt, noch mehr zunehmet. Denn ihr wisset, welche Gebote wir euch gegeben haben durch den Herrn Jesus. Denn das ist der Wille Gottes, eure Heiligung, daß ihr euch der Unzucht enthaltet!« (1. Thessalonicher 4.1-3).

In Vers 1 werden die Gläubigen ermahnt, sich immer mehr in einer Lebensart auszuzeichnen, die Gott gefällt. Vers 2 sagt, daß die Grundlage dafür der Gehorsam gegenüber den Geboten ist, die der Herr gegeben hat. Vers 3 gibt uns eine zusammenfassende Erklärung: »Denn das ist der Wille Gottes, eure Heiligung.« Aus den vorhergehenden Versen können wir ersehen, daß die Heiligung durch einen Gott wohlgefälligen Wandel Fortschritte macht. Im letzten Teil von Vers 3 wird Heiligung im besonderen als geschlechtliche Reinheit verstanden - ein Hauptaspekt eines Gott wohlgefälligen Wandels. Heiligung ist der Wille Gottes für das Leben der Gläubigen. Heiligung bedeutet, von der Welt abgesondert zu sein. Der Gläubige ist von der Welt abgesondert, um Gott zu lieben und ihm zu dienen. Das schließt die Heiligkeit mit ein. Wachstum ist ein Umwandlungsprozeß hin zu größerer Heiligkeit im Leben des einzelnen. Dies ist der Wille Gottes für jeden Gläubigen.

Im natürlichen Bereich folgt der Geburt das Wachstum. So ist es auch im geistlichen Leben. Auf beiden Gebieten vollzieht sich das Wachstum in bestimmten Bereichen des Lebens in einem bestimmten Zeitraum. So ist also die Heiligung persönlich, praktisch und fortschreitend.

In vielen Bibelstellen wird der Ausdruck: »Wille Gottes« in bezug auf die persönliche und praktische Heiligung benutzt. 1. Thessalonicher 5,16-18 gibt uns drei Imperative: »Seid allezeit fröhlich! Betet ohne Unterlaß! Seid in allem dankbar!« Sie alle stellen den Willen Gottes für den Gläubigen dar. Gott möchte, daß diese drei Dinge im Leben eines jeden Christen vorhanden sind.

1. Petrus 4,1-2 erklärt uns den Willen Gottes in bezug auf das Leiden. Vers 1 sagt uns, daß Jesus Christus in dem Bewußtsein, daß dies der Wille seines Vaters und er diesem Willen gegenüber verpflichtet sei, die Leiden des Lebens und des Todes durchschritt. In derselben Geisteshaltung kann der Gläubige durch Leiden hindurchgehen, ohne dabei zu zerbrechen oder in Sünde zu fallen. Mit einer solchen Haltung lebt der Gläubige dem Willen Gottes und nicht den Lüsten der Menschen. Der Wille Gottes steht im Gegensatz zu den Lüsten der Menschen. Wenn du dem Willen Gottes gehorchst, wird die Welt vielleicht schlecht über dich sprechen (1. Petrus 4,4) und du wirst darunter leiden; aber auch dies geschieht nach dem Willen Gottes. Wichtig ist in diesem Fall, daß wir nach dem Willen Gottes leben. Dieser Wille kann Leiden in sich bergen, aber Sünde sollte dabei ausgeschlossen sein.

1. Petrus 4,19 wiederholt diesen Gedanken des Leidens nach dem Willen Gottes. Tue stets das Rechte. Und wenn du dann leidest, so leidest du nach dem Willen Gottes.

Von jedem Gläubigen wird verlangt, daß er sich den menschlichen Ordnungen unterwirft (1. Petrus 2,13-14). Warum? Weil es der Wille Gottes ist. Knechte sollen ihren Herren gehorsam sein und ihren Dienst tun »in Einfalt eures Herzens, wie dem Herrn Christus« (Epheser 6,5). Wenn du dies tust, tust du den Willen Gottes von ganzem Herzen. Der Wille Gottes fordert eine einwandfreie Handlungsweise, der rechtschaffene Motive zugrunde liegen.

Beachte einmal, wie persönlich und praktisch der Wille Gottes für den Christen ist. Er ist direkt mit einem Leben in geschlechtlicher Reinheit, Freude, Gebet, Leiden, Gehorsam gegenüber den Obrigkeiten und Dienen verbunden. Dies alles sind Dinge, die der Christ tut. Die Bedeutung des Tätigkeitswortes »tun« findet sich in zahlreichen neutestamentlichen Aussagen über den Willen Gottes: »...wer den Willen meines Vaters ... tut« (Matthäus 7,21). »... wenn jemand gottesfürchtig ist und seinen Willen tut ...« (Johannes 9,31). »David ... einen Mann nach meinem Herzen, der allen meinen Willen tun wird« (Apostelgeschichte 13,22).

Es ist vollkommen klar, worum es hier geht. Der Gläubige darf sich nicht hinsetzen und darauf warten, daß sich der Wille Gottes in seinem Leben ereignet. Er muß sich aktiv daran beteiligen, den Willen Gottes zu tun. Die Beziehung, die der Herr Jesus zu dem Willen des Vaters hatte, ist dafür sehr bezeichnend. Seinen Jüngern erklärte er, daß er vollkommen daran gebunden sei, den Willen des Vaters zu tun (Johannes 4,34). Zu den Pharisäern sagte er: »Ich tue allezeit, was ihm gefällt« (Johannes 8,29). Für Jesus Christus waren der Ratschluß des Vaters und sein Wunsch nicht voneinander zu trennen; sie waren identisch. Aber trotzdem mußte der Herr Jesus Zeiten durchmachen, in denen er sich für den Willen Gottes entscheiden mußte. Die Entscheidung war für ihn nicht immer einfach und automatisch. Im Garten Gethsemane sagte er: »Vater, wenn du willst, so nimm diesen Kelch von mir! Doch nicht mein, sondern dein Wille geschehe! (Lukas 22,42). Er focht einen harten Kampf aus und entschied sich dann für den Willen Gottes. Deshalb kann er auch heute zur rechten Hand Gottes mitfühlend für uns eintreten, wenn wir im Entscheidungskampf stehen, ob wir den Willen Gottes tun sollen oder nicht (Hebräer 4,14-16). Deshalb konnte auch der Verfasser des Hebräerbriefes versprechen, daß Gott die Gläubigen durch Jesus Christus mit allem Guten ausrüsten werde, seinen Willen zu tun (Hebräer 13,20-21).

Der Wunsch Gottes für den Gläubigen geht dahin, daß der Gläubige geheiligt wird - daß er wachse und reife und seinem Herrn, Jesus Christus, immer ähnlicher werde. Heiligung umfaßt alle Lebensbereiche. Heiligung schließt ein, daß man das Wort Gottes kennt und es durch die Kraft des Heiligen Geistes ausführt.

3

DER WILLE GOTTES IM WORT GOTTES

Der Zweck des Wortes Gottes

In 2. Timotheus 3,16-17 wird ausdrücklich der Zweck des Wortes Gottes behandelt: »Jede Schrift ist von Gottes Geist eingegeben und nützlich zur Belehrung, zur Überführung, zur Zurechtweisung, zur Erziehung in der Gerechtigkeit, damit der Mensch Gottes vollkommen sei, zu jedem guten Zwecke ausgerüstet.«

Der Ursprung wird hier klar herausgestellt: Jede Schrift ist von Gottes Geist eingegeben. »Von Gottes Geist eingegeben« kann, wörtlich übersetzt, auch heißen: von Gott eingehaucht. Wenn man ein kaltes Fenster anhaucht, sieht man, wie es sich beschlägt. Die Kondensation bildet sich durch den warmen Atem, der auf die kalte Scheibe trifft. Ebenso hat die Heilige Schrift ihren Ursprung in Gott. Er hat für uns eine Offenbarung »ausgeatmet«, und die Bibel ist das sichtbare Ergebnis. Dies ist der Inhalt der Inspirationslehre, die ganz einfach aussagt, daß Gott die Urquelle aller Schrift ist.

Aufgrund ihres göttlichen Ursprungs hat die Heilige Schrift eine bedeutende und einzigartige Funktion. Sie ist für vier bestimmte Bereiche von großem Nutzen. Erstens für die Belehrung – die Tätigkeit der Wahrheitsübermittlung; zweitens für die Überführung – die Tätigkeit, einen anderen auf einen Verhaltens- oder Denkfehler hinzuweisen; drittens für die Zurechtweisung – die Tätigkeit, einen anderen auf den richtigen Platz und den richtigen Weg zurückzuführen; viertens für die Erziehung in der Gerechtigkeit – der gesamte Lernprozeß von der Anweisung bis zur Züchtigung. Diese Zusammenfassung des nutzbringenden Gebrauchs der Heiligen Schrift enthält die vier Aspekte, die im Leben des Gläubigen zum Tragen kommen sollten. Es ist sogar gut möglich, daß die vier Punkte in dieser Liste in geplanter Reihenfolge aufgeführt sind. Die Lehre ist die Weitergabe des Evangeliums an den Verlorenen; Überführung ist das überzeugende Wirken des Heiligen Geistes; Zurechtweisung ist das Werk der Umkehr; und Erziehung in der Gerechtigkeit ist der Wachstumsprozeß.

Der Endzweck oder das Endziel wird in 2. Timotheus 3,17 verdeutlicht: »damit der Mensch Gottes vollkommen sei«. Das griechische Wort für »vollkommen« lautet »artios« und bedeutet »das, was richtig, geziemend und passend ist«. Das letzte Wort in dem Vers – »ausgerüstet« – ist eine Steigerungsform – »exartizo« – desselben griechischen Wortes.

Wie verhalten wir uns oft, wenn wir einen Punkt betonen wollen? Wir wiederholen ihn, indem wir dasselbe Wort lauter sprechen oder ein anderes Wort zur Betonung hinzufügen. Paulus konnte nicht lauter schreiben, aber er konnte das Wort wiederholen und es durch eine Steigerungsform hervorheben. Und das tat er. Er wollte sagen: »Das Wort Gottes ist dazu bestimmt, den Menschen Gottes *auszurüsten.* Habt ihr verstanden? Ich meine damit, es soll den Menschen *gründlich ausrüsten!*« Gründlich ausrüsten wofür? Sich in jedem guten Werk zu betätigen. »Jedem guten Werk« – dies ist nicht mehr und nicht weniger als der *Wille Gottes!*

Epheser 2,10 unterstreicht den Gedanken noch, daß der Gläubige zu diesem besonderen Zweck gerettet worden ist: »Denn wir sind sein Werk, erschaffen in Christus Jesus zu guten Werken, welche Gott zuvor bereitet hat, daß wir darin wandeln sollen.« »Gute Werke« ist eine besondere Ausdrucksweise für den Willen Gottes.

Das Endziel des Wortes Gottes ist also, daß ich den Willen Gottes für mein Leben erkenne. Ich kann Gottes Willen nur durch sein Wort erfahren. An anderen Stellen wird derselbe Gedanke auf andere Weise ausgedrückt. In Römer 12,2 lesen wir, daß wir durch die Erneuerung unseres Sinnes verändert werden, damit wir prüfen können, was Gottes Wille ist. Da unsere Sinne immer mehr durch das Wort Gottes geprägt werden, steigt unsere Fähigkeit, den Willen Gottes zu erkennen. Hebräer 5,14 sagt uns, daß wir Gutes und Böses unterscheiden können, wenn wir feste Speise (das Wort Gottes) zu uns nehmen und unsere Sinne durch Übung geschult sind. Dadurch können wir auch den Willen Gottes erkennen.

Titus 2,11-12 offenbart uns, daß die Gnade Gottes erschienen ist und allen Menschen Rettung bringt, daß sie uns – durch das Wort – in Zucht nimmt, damit wir das ungöttliche Wesen und die weltlichen Lüste verleugnen und in dieser Welt vernünftig, gerecht und gottselig leben – das heißt, den Willen Gottes tun.

Petrus drückt es so aus: »Seid als neugeborene Kindlein begierig nach der vernünftigen, unverfälschten Milch, damit ihr durch sie zunehmet zum Heil [zur Ausführung des Willens Gottes]« (1. Petrus 2,2).

Die Gebote des Wortes Gottes

Gebote sind spezielle, genau erklärte Anweisungen, die uns sagen, was der Gläubige nach dem Willen Gottes tun und was er nicht tun soll. Sie sagen ihm, was richtig und was falsch ist. Es geht zum Beispiel klar aus dem Wort Gottes hervor, daß es richtig ist zu beten, sich zum Gottesdienst zu versammeln, zu wachsen, zu vertrauen, unsere Sorgen auf Gott zu werfen, Zeugnis abzulegen, sich einander unterzuordnen, zu bekennen, zu lieben, zu ermahnen, zu gehorchen, zu vergeben und so weiter. Das Wort Gottes sagt uns auch ganz klar, daß es falsch ist zu lügen, zu betrügen, zu stehlen, zu töten, die Ehe zu brechen, Götzen zu dienen, üble Nachrede zu führen, etwas zu begehren, Versuchungen nachzugehen und so weiter. Diese und viele andere Gebote finden sich in großer Vielzahl und Vielfalt sowohl im Alten wie auch im Neuen Testament und offenbaren uns unmißverständlich den Willen Gottes für jeden Gläubigen.

Jeder Student im ersten Semester bekommt normalerweise ein Handbuch für Studenten ausgehändigt. In solch einem Handbuch sind alle Regeln und Bestimmungen für die Studenten enthalten. Sie können darin nachlesen, was sie tun dürfen und was nicht. Die Seiten sind voll detaillierter Anweisungen, die den Willen der Schulverwaltung für die Studenten wiedergeben. Es sind nicht Empfehlungen oder Vorschläge, sondern Gebote, denen man gehorchen muß.

Ebenso hat Gott jedem Gläubigen ein Handbuch gegeben, in dem viele der Grundregeln und Richtlinien für das Leben enthalten sind. Wenn ein Gläubiger diese Regeln befolgt, handelt er nach dem Willen Gottes. Wenn er sie bewußt verletzt, handelt er gegen den Willen Gottes. Wenn ich also den Willen Gottes erfüllen will, muß ich die in seinem Wort gelehrten Gebote auch kennen.

Die Grundsätze des Wortes Gottes

Grundsätze sind allgemeine Richtlinien, die auf bestimmte Situationen angewandt werden sollen. Das Zeichen »Höchstgeschwindigkeit 40 km/h« ist ein Gebot. Das Zeichen »Fahren Sie vorsichtig!« ist ein Grundsatz. Ich kann das letztere sowohl auf einer stark befahrenen Straße wie auch auf einem verlassenen Weg anwenden. Die Heilige Schrift enthält ebenfalls Grundsätze, die für jede Gesellschaft und für jede Zeit gültig sind. Man muß diese Grundsätze einfach kennen und sie dann auf eine gegebene Situation anwenden.

2. Korinther 6,14 zum Beispiel sagt uns: »Ziehet nicht am gleichen Joch mit Ungläubigen!« Dies ist ein biblischer Grundsatz, der die Beziehung des Gläubigen zu seinen Mitmenschen betrifft. Hier wird dem Gläubigen der Wille Gottes in Form eines allgemeinen Grundsatzes oder einer Richtlinie vor Augen gestellt. Junge Leute müssen ihn in bezug auf ihre Freundschaften anwenden, Geschäftsleute in bezug auf ihre Geschäftsverbindungen, Hausfrauen in bezug auf die Einladung, einem Gesellschaftsklub beizutreten, Studenten in bezug auf Bruderschaften und Studentenverbindungen.

Ein weiterer Grundsatz findet sich in 1. Thessalonicher 4,11-12. Dieser Grundsatz bezieht sich auf die Arbeit. Der Christ muß sich selbst und seine Familie so unterhalten, daß er weder ein übereifriger Streber noch ein Bettler ist. Wenn ein Mensch körperlich und geistig in der Lage ist zu arbeiten, trotzdem aber faul ist und von der Fürsorge lebt, so verletzt er diesen Grundsatz und handelt nicht nach dem Willen Gottes. Angesichts dieses Grundsatzes besteht eine eindeutige Notwendigkeit zur Arbeit. Die Art, die Zeit und der Ort der Arbeit werden jedoch nicht erwähnt.

Das Wort Gottes ist mit Grundsätzen, die wie die obigen bleibend und unabänderlich sind, gespickt. Der Gläubige muß sie verstehen und sie richtig auf seine verschiedenen Lebenslagen anwenden, damit er den Willen Gottes erkennen und ihn ausführen kann.

Die Bedeutung des Wortes Gottes

Ist die Bibel die einzige Offenbarung des Willens Gottes für den Gläubigen? Nein. Gott benutzt auch noch andere Mittel, uns seinen Willen mitzuteilen und zu bestätigen. Wir werden in den folgenden Kapiteln noch darauf eingehen. Das Wort Gottes ist jedoch die grundlegende und ausreichende Offenbarung des Willens Gottes für den Gläubigen. Wir können dies sagen, weil wir wissen, daß der Christ, der das Wort Gottes versteht und anwendet, gründlich für seine Aufgabe in dieser Welt ausgerüstet ist (2. Timotheus 3,16-17). Das Wort Gottes rüstet den Gläubigen nicht nur teilweise aus. Seine Grundsätze und Gebote lassen den Christen auf bestimmten Gebieten nicht wehrlos allein. Sie bereiten ihn darauf vor, »jedes gute Werk« zu tun. Andere Faktoren wie zum Beispiel bestimmte Umstände, Ratschläge, Gefühle, Wünsche und so weiter spielen in der Erkenntnis und der Ausführung des Willens Gottes ebenfalls eine Rolle, aber sie stehen in sekundärem und ergänzendem Verhältnis zum Wort Gottes.

Enthält die Bibel eine vollständige und umfassende Offenbarung des Willens Gottes für jeden Gläubigen? Die Offenbarung ist insofern vollständig, als sie jeden Lebensbereich umfaßt. Wenn dies nicht so wäre, so könnte man nicht vom Wort Gottes sagen, daß es die Gläubigen »gründlich« ausrüstet. Sie ist jedoch nicht umfassend, da im Wort Gottes nicht jedes einzelne Lebensdetail behandelt wird. Die Bibel sagt uns nicht, wie oft wir eine Mahlzeit zu uns nehmen sollen, wann wir Urlaub machen oder welche Waren wir kaufen sollen. Hierbei können wir jedoch die biblischen Grundsätze zu Rate ziehen und ihre Bedeutung zu erfassen suchen.

Wir sind nun soweit, daß wir uns damit befassen können, wie man Gottes Gebote und Grundsätze erkennt und sie dazu benutzt, den Willen Gottes auszuführen.

4

WIE MAN DEN WILLEN GOTTES ERKENNT UND AUSFÜHRT

Nimm das Wort Gottes in dich auf!

Der Gläubige stellt für den Herrn Jesus ein ungeheures Wirkungsfeld dar; aber er kann erst Frucht bringen, wenn er Gottes Wort in sich aufgenommen hat.

Wenn wir uns bekehren, beginnen wir das neue Leben mit Jesus Christus. Bis dahin waren wir Menschen, die von Satan beherrscht waren und seinen Willen taten (2. Timotheus 2,26), Menschen, die einst wandelten »nach dem Lauf dieser Welt, nach dem Fürsten, der in der Luft herrscht, dem Geiste, der jetzt in den Kindern des Unglaubens wirkt« (Epheser 2,2). Aber jetzt müssen wir uns neu ausrichten lassen! Wir brauchen, um mit Römer 12,2 zu reden, eine Erneuerung unseres Sinnes.

Dies ist die Aufgabe, die der Heilige Geist im Leben eines jeden Gläubigen wahrnehmen will. In Johannes 14,26 wird vorausgesagt: »Der wird euch alles lehren.« Und in Johannes 16,13 heißt es: »Er wird euch in die ganze Wahrheit leiten.« Das ist die große Möglichkeit, die jedem Gläubigen zur Verfügung steht. Johannes geht in seinem ersten Brief noch weiter darauf ein. Er erinnert die Gläubigen daran, daß sie nicht auf falsche Lehrer angewiesen sind, sondern daß der Heilige Geist in jedem von ihnen wohnt, so daß jeder das Wort ohne Hilfe eines anderen Lehrers kennenlernen und verstehen kann (1. Johannes 2,20). Dies soll jedoch nicht heißen, daß Menschen, die das Wort lehren, unnötig oder unwichtig sind; es soll vielmehr den Gläubigen deutlich machen, daß sie durch den Geist Gottes befähigt sind, das Wort allein zu studieren und zu verstehen. In 1. Johannes 2,27 wird dieser Gedanke noch einmal wiederholt und betont.

1. Korinther 2,6 - 3,3 ist einer der bedeutendsten Abschnitte, die sich mit dem Lehrauftrag des Heiligen Geistes befassen. In Vers 12 des zweiten Kapitels erfahren wir, daß uns der Geist Gottes deutlich macht, was uns Gott geschenkt hat. Vers 15 verstärkt diese Aussage noch: »Der geistliche (Mensch) aber erforscht alles.« Das Wort »alles« bezieht sich auf die Offenbarung Gottes im Wort, denn in den vorhergehenden Versen wird es oft in diesem Sinn gebraucht. Das Wort »erforschen« ist von dem griechischen Wort »anakrino« abgeleitet, das »untersuchen« bedeutet. Dies ist ein Ausdruck der Rechtssprache, der im außerbiblischen Griechisch für gerichtliche Untersuchungen und Verhöre angewandt wurde. Das Wort selbst und seine verwandten Formen werden im Neuen Testament oft mit »richten« übersetzt. In 1. Korinther 2,14 wird dasselbe Wort verwendet, um aufzuzeigen, daß der natürliche, verlorene Mensch nicht in der Lage ist, den Geist Gottes und dessen Wirken anzunehmen und zu verstehen. Der Grund dafür ist, daß dies »geistlich beurteilt« werden muß. Wer den Heiligen Geist hat, ergründet alle Dinge, das heißt, er untersucht und erforscht das Wort Gottes unaufhörlich und in Vollmacht.

Genau das taten die Bewohner Beröas, »indem sie das Wort mit aller Bereitwilligkeit aufnahmen und täglich in der Schrift forschten [»anakrino«], ob es sich also verhalte« (Apostelgeschichte 17,11). Das persönliche Bibelstudium ist die sorgfältige, nachhaltige Erforschung der Bedeutung des Textes. Dies erfordert jedoch mehr als nur ein oberflächliches

Lesen oder gelegentliches Zuhören, wenn ein anderer über das Wort Gottes redet.

Der letzte Teil von Vers 15 im ersten Korintherbrief zeigt uns, daß ein solcher Mensch nie genau von anderen erforscht werden kann – es sei denn, daß diese anderen auch den Sinn des Herrn erkannt haben (1. Korinther 2,16). Der letzte Teil von Vers 16 faßt dies in einem Schlußsatz zusammen: »Wir aber haben Christi Sinn.« Mit anderen Worten: Erst wenn uns der Heilige Geist Gottes Wort aufschließt, können wir wie Jesus Christus denken.

Was bedeutet das Wort »geistlich« in Vers 15? Es bezieht sich auf eine Person, die durch den Heiligen Geist gekennzeichnet ist, eine Person, bei der er sein Werk als Lehrer und Umwandler vollbringt und durch die anderen seine Wahrheit weitergeben kann. Aber beachten Sie noch einmal: Der geistliche Mensch erforscht alles; das Wort Gottes gibt ihm Weisheit. Die Kenntnis des Wortes Gottes ist grundlegende Voraussetzung dafür, daß man durch die Wahrheit umgewandelt wird und sie weitergeben kann.

Es nimmt natürlich eine gewisse Zeit in Anspruch, um in der Erkenntnis zu wachsen. Als die Korinther zum Glauben gekommen waren, hatten sie in der Folgezeit genügend Gelegenheit gehabt, ihre Kenntnisse im Wort Gottes zu vertiefen. Hatten sie das auch wirklich getan? Die Antwort ist eindeutig: nein.

»Und ich, meine Brüder, konnte nicht mit euch reden als mit geistlichen, sondern als mit fleischlichen (Menschen), als mit Unmündigen in Christus. Milch habe ich euch zu trinken gegeben, und nicht feste Speise; denn ihr vertruget sie nicht, ja ihr vertraget sie jetzt noch nicht; denn ihr seid fleischlich. Solange nämlich Eifersucht und Zank und Zwietracht unter euch sind, seid ihr da nicht fleischlich und wandelt nach Menschenweise?« (1. Korinther 3,1-3).

Als Paulus sie das erstemal traf, konnte er mit ihnen nicht als mit geistlichen Menschen verkehren; sie waren zu diesem Zeitpunkt »Unmündige in Christus«. Er gab ihnen Milch – eine Nahrung, die für geistliche Babys geeignet ist. Die Zeit verging, und sie waren noch immer fleischlich – noch immer Babys. Ihre Handlungsweise machte dies ganz deutlich. Um ein geistlicher Mensch zu werden, braucht man Zeit und vor allem die Wahrheiten des Wortes Gottes. Die Korinther hatten die Zeit gehabt, aber die Wahrheit hatten sie nicht begriffen.

Bleibe dir stets der Bedeutung der Aussage bewußt: »Der geistliche (Mensch) aber erforscht alles.« Wenn wir lernen, das Wort Gottes hochzuschätzen, so sind wir auf dem besten Wege, es auch in uns aufzunehmen. Kannst du selbst ganz allein das Wort Gottes erforschen? Rüstet deine Gemeinde dich und andere dazu aus? Nimmst du aktiv an einem weiterführenden Bibelstudium teil, oder nimmst du nur das ganz kritiklos an, was ein anderer durch das Studium des Wortes Gottes empfangen hat? Bist du in der Lage, das Wort Gottes selbständig auszuwerten? Falls du Prediger bist oder Lehrer in einer Sonntagsschule, rüstest du die Heiligen dazu aus, das Wort Gottes selbständig zu erforschen? Viele Gläubige haben ihr ganzes Leben im geistlichen Speisesaal zugebracht und nur das zu sich genommen, was andere für sie vorgekaut hatten. Es ist notwendig und sollte selbstverständlich sein, daß wir unsere Geschwister in die »Küche« holen und ihnen zeigen, wie man geistliche Mahlzeiten – für sich selbst und andere – zubereitet und anbietet.

Wenn der Gläubige in das Wort Gottes eindringt, dringt gleichzeitig das Wort in den Gläubigen ein! Hebräer 4,12 sagt: »Denn das Wort Gottes ist lebendig und wirksam und schärfer als jedes zweischneidige Schwert, und es dringt durch, bis es scheidet Seele und Geist, auch Mark und Bein, und ist ein Richter der Gedanken und Gesinnungen des Herzens.«

Durch den Ausspruch wird deutlich, daß das Wort Gottes so beschaffen ist, das es unsere gesamte Person erschüttert, durchdringt und erforscht. Es kann die Gedanken und Gesinnungen des Herzens richten. Das Wort »Richter« ist von dem griechischen Wort »kritikos« abgeleitet, woher auch unsere Worte »Kritiker« und »Kritik« stammen. Sobald wir das Wort erforschen, erforscht uns das Wort. Wir schauen in das Wort, und es durchschaut uns. Wenn wir es prüfend lesen, werden wir gleichzeitig auch durch das Wort geprüft. Durch diesen Vorgang werden wir innerlich mit dem Wort Gottes erfüllt.

Wenn wir wirklich sichergehen wollen, daß dies auch geschieht, müssen wir darauf achten, daß wir das Wort Gottes regelmäßig in uns aufnehmen. Es ist mit Aufgabe der Gemeinde, uns dabei zu unterstützen. Jeder Christ sollte sich einer örtlichen Gemeinde anschließen, wo er seinerseits genährt wird und andererseits lernt, sich selbst zu ernähren. Wenn du im Augenblick keiner Gemeinde angehörst, so suche dir eine Gemeinde, die dir hierbei hilft. Wenn die Gemeinde dies nicht für dich tut, so sprich mit den Leitern und mache sie auf deine Bedürfnisse aufmerksam.

Verarbeite die Einzelheiten aus deiner Umwelt!

Der Gläubige, der das Wort Gottes richtig in sich aufgenommen hat, ist fähig, die Einzelheiten aus seiner Umwelt in rechter und verständlicher Weise zu verarbeiten.

Der Schlüsselgedanke in Römer 12,1 ist die Darstellung. Das, was Gott in Jesus Christus für uns getan hat, veranlaßt uns dazu, daß wir uns selbst als lebendige Opfer Gottes zur Verfügung stellen. Die Aufforderung wird sowohl in negativer als auch in positiver Form gegeben: »Und passet euch nicht diesem Weltlauf an [negativ], sondern verändert euer Wesen [positiv]« (Römer 12,2). Veränderung bedeutet Wandel – einen Wandel, der ein Wachstum zur Christusähnlichkeit hin mit sich bringt. Die Gegenwartsform des Tätigkeitswortes zeigt uns, daß es um eine ständig andauernde Veränderung geht. Diese Veränderung ist das Ergebnis eines Vorgangs – nämlich der »Erneuerung eures Sinnes«. Die Erneuerung unseres Sinnes muß durch das Wort Gottes bewirkt werden. Ohne Erneuerung des Sinnes gibt es keine Lebensveränderung. Der Zweck dieser Aufforderung ist, »um prüfen zu können, was der Wille Gottes sei«. Das Wort »prüfen« bedeutet im Urtext soviel wie »etwas untersuchen, damit man ihm zustimmen, es bestätigen und anerkennen kann«. Der Gläubige, dessen Sinn erneuert worden ist, hat das Wort so in sich aufgenommen, daß er Vorkommnisse in seinem Leben verarbeiten – untersuchen – kann, um in ihnen den Willen Gottes zu finden. Man kann den Willen Gottes nicht erkennen, wenn man einfach eine Reihe biblischer Wahrheiten aneinanderreiht. Diese Wahrheiten müssen mit dem Leben in Verbindung gebracht werden. Das Leben zeigt uns weitere Tatsachen. Wir verarbeiten aber diese Tatsachen nur in dem Maß, wie wir mit dem Wort Gottes ausgerüstet sind.

Ein Beispiel: Dein Kind gehorcht dir nicht. Du reagierst auf diese Tatsache so, wie du es in bezug auf den »Ungehorsam« gelernt hast, nämlich so, wie du selbst belehrt worden bist. Wenn du zu freizügigem Denken erzogen bist, wirst du dem Kind seinen Willen lassen. Wenn deiner Erziehung biblische Grundsätze zugrunde lagen, wirst du dein Kind züchtigen. Auf jeden Fall aber hast du zu »prüfen«, was der Wille Gottes in diesem bestimmten Fall für dich und dein Kind ist. Die Dinge, die du verarbeitest, kommen von außen, das heißt vom Kind oder vielleicht von deinem Ehepartner. Es kann aber auch sein, daß sie aus deinem Innern, deinen Gedanken, Gefühlen oder deinem Milieu stammen. Wie du nun diese Einzelheiten verarbeitest und wie du dich entscheidest, hängt letztlich von deiner Persönlichkeit ab.

So bringt Paulus in Römer 12,2 das geistliche Wachstum direkt mit der Erkenntnis des Willens Gottes in Beziehung. Wenn der Sinn erneuert ist, wird es dem Gläubigen immer leichter fallen, die Gegebenheiten aller Lebenslagen zu untersuchen und den Willen Gottes zu erkennen und auszuführen.

Am Ende von Römer 12,2 stehen drei Worte, die genau erklären, was der Wille Gottes ist. Vielleicht war Paulus der Meinung, daß der Ausdruck »Wille Gottes« für seine Leser etwas unklar und verschwommen sein könnte. Er fügte deshalb drei Worte hinzu, die diesen Willen beschreiben. Der Wille Gottes ist »gut«. Das Wort Gottes gibt uns den Maßstab für das, was gut ist. Wenn du das Wort Gottes kennst, weißt du auch, was für dich gut ist.

Als nächstes erfahren wir: Der Wille Gottes ist »wohlgefällig«. Wohlgefällig für wen? Für Gott. Der Herr benutzte dasselbe Wort, als er sagte: »Ich tue allezeit, was ihm gefällt« (Johannes 8,29). »Gut« steht im Zusammenhang mit dem, was richtig und was falsch ist; »wohlgefällig« dagegen mit Fragen wie zum Beispiel: »Wem bereitet es Sorgen?« – »Wer wird verletzt?« – »Wen macht es glücklich?« Der Wille Gottes ist das, was meinem himmlischen Vater gefällt. Und wieder werde ich auf das Wort Gottes zurückverwiesen. Wenn ich nicht weiß, was ihm gefällt, kann ich den Willen Gottes nicht mit Sicherheit erkennen.

Wenn Gott irgend etwas nicht gefällt, ist es für ihn enttäuschend. Wenn ihn meine Einstellung oder meine Handlungen enttäuschen und ihm mißfallen, dann ist es durchaus möglich, daß auch bestimmte andere Menschen auf dieser Welt ebenso reagieren – zum Beispiel mein Ehepartner, meine Kinder, meine Eltern oder mein Gemeindeleiter. Wenn ein Teenager zum Beispiel ständig das tut, was seinen Eltern mißfällt, so ist das ein Zeichen dafür, daß er nicht nach dem Willen Gottes handelt. Reaktionen von anderen Menschen können hilfreiche Hinweise auf den wahren Willen Gottes geben.

Der Wille Gottes ist »vollkommen«. Das entsprechende griechische Wort bedeutet »reif« oder »erwachsen«. Der Wille Gottes ist stets das Erwachsene, nie das Kindische. Wenn du versucht bist, dich wie ein kleines Kind zu benehmen, ist das ein gutes Zeichen dafür, daß du nicht nach dem Willen Gottes handelst. Kleine Kinder schmollen, schlagen mit den Fäusten um sich, wollen ihren eigenen Willen durchsetzen, nehmen keine Rücksicht auf die Bedürfnisse der anderen, lassen andere nicht ausreden, widersprechen, vergessen, weinen und so weiter. Wenn ein Teenager mit den Fäusten um sich schlägt, wenn ein Ehemann das ganze Wochenende schmollt, wenn eine Frau ihre Tränen einsetzt, um ihren Willen durchzusetzen, dann sind das wahrscheinlich Zeichen dafür, daß der Wille Gottes bei diesen Gelegenheiten völlig mißachtet wurde. Wenn ich nach dem Willen Gottes handle, werde ich mich wie ein reifer Erwachsener benehmen.

Diese drei Schlüsselworte – gut, wohlgefällig und vollkommen – beschreiben das Wesen des Willens Gottes. Wenn meine Ansichten und Handlungen ungut, enttäuschend, ja kindisch sind, sollte ich innehalten und überlegen; es kann sein, daß meine Gesinnung nicht mit dem Wort Gottes übereinstimmt und ich so außerstande bin, den »guten, wohlgefälligen und vollkommenen Willen Gottes« in meiner jeweiligen Lage zu erkennen und zu tun.

5

WIE MAN DIE EINZELHEITEN RICHTIG VERARBEITET

Spät am Abend fährst du auf der Autobahn nach Hause. Du hast es eilig und möchtest schnell zu Hause sein. Die Straßen sind ruhig, und es hat seit Tagen nicht mehr geregnet. Streifenwagen sind nicht zu sehen. Dein Auto ist in gutem Zustand, deine Reifen sind nagelneu. Das Verkehrsschild sagt: »70 km/h Höchstgeschwindigkeit.« Du verarbeitest diese Einzelheiten in deinem Geist und entscheidest dann, ob du mit 70 km/h fahren willst oder die Geschwindigkeit lieber auf 100 km/h steigern sollst, um schneller zu Hause zu sein. Was ist in diesem Fall der Wille Gottes? Römer 13,1-7 offenbart uns deutlich, daß sich jeder der Obrigkeit unterwerfen soll. Wer sich der Obrigkeit widersetzt, handelt dem ausdrücklichen Gebot Gottes zuwider. In diesem Fall haben die Behörden 70 km/h als Höchstgeschwindigkeit festgelegt. Wenn du dieses Gebot kennst und dir das Wort Gottes höchste Autorität ist, wirst du nach dem Willen Gottes mit 70 km/h nach Hause fahren.

Aber nehmen wir an, du entscheidest dich, schneller zu fahren, und nimmst das Risiko auf dich, erwischt zu werden. Oder du achtest gar nicht auf deine Geschwindigkeit, und der Zeiger steigt auf 100 km/h. In beiden Fällen handelst du dann gegen den Willen Gottes. Der Wille Gottes ist, daß du die Geschwindigkeitsbegrenzung beachtest, die von den Behörden festgelegt ist. Viele Christen wissen, was in Römer 13,1-7 steht, aber ihr Sinn ist durch diese Wahrheit nicht wirklich erneuert und ihr Leben nicht wirklich durch sie verändert worden. Sie gehorchen dann, wenn es ihnen gerade in den Kram paßt, aber nicht aus Gehorsam.

Paulus sagt, daß die Gläubigen nicht automatisch handeln sollen, sondern aufgrund tiefer, beständiger, persönlicher Überzeugung besonnen (Römer 14,5). Ein Christ, der sich das Gedankengut von Römer 13 zu eigen gemacht hat, wird die Geschwindigkeitsbeschränkung aus Prinzip beachten und nicht, weil er in seinem Rückspiegel den Streifenwagen der Polizei sieht.

Hans ist eben Christ geworden und macht in seinem geistlichen Wachstum echte Fortschritte. Er ist jedoch schüchtern und zurückhaltend und behält gern viele Dinge für sich. Folglich weiß kaum jemand etwas darüber, ob und wie Gott in seinem Leben wirkt. Da gibt es nun einen Bereich des Willens Gottes, auf den man Hans aufmerksam machen muß. Die Bibel sagt in 1. Korinther 12,26: »Wenn ein Glied geehrt wird [und persönliches Wachstum wäre ein Zeichen dafür], so freuen sich alle Glieder mit.« Aber wie können sie das, wenn sie nicht wissen, was im Leben von Hans vor sich geht? Auch 1. Timotheus 4,15 lehrt uns, daß wir vom Wort Gottes durchdrungen sein sollen und daß unser geistliches Wachstum allen offenbar sein soll. Hans versteckt jedoch sein Wachstum. Aber wenn seine Gesinnung und sein Leben von diesen Gedanken wirklich erfüllt ist, sollte er anfangen, seine geistlichen Erfahrungen anderen mitzuteilen, auch wenn er von Natur aus schüchtern und zurückhaltend ist.

Aber was geschieht, wenn Hans nichts von dieser Verpflichtung weiß, sich anderen mitzuteilen? Handelt er denn gegen den Willen Gottes? Ja, aber mehr in passiver als in aktiver Weise. Da er Gottes Willen in dieser Sache nicht kennt, handelt er nicht bewußt und vorsätzlich gegen den Willen Gottes. Er versäumt, das zu tun, was Gott von ihm verlangt; aber da ihm dies nicht bewußt ist, wird sein Versagen mehr der Unwissenheit als der beabsichtigten, gewollten Sünde zugeschrieben. Wir haben die Verantwortung, unserem Wissen gemäß zu handeln. Jakobus drückt es so aus: »Wer nun weiß Gutes zu tun und es nicht tut, dem ist es Sünde« (Jakobus 4,17). Wenn Hans nichts von diesen Dingen weiß, ist er auch nicht für sie verantwortlich. Aber wir können ihn nicht ungeschoren lassen. Als junger Christ muß er wie ein »neugeborenes Kindlein« Hunger nach dem Wort Gottes haben, damit er wachsen kann (1. Petrus 2,2). Wenn er also nicht begierig die oben erwähnte Wahrheit aufnimmt, handelt er nicht nach dem Willen Gottes. Wenn nun aber andere Christen darin versagen, ihn in diese Wahrheiten einzuführen, so handeln auch sie gegen den Willen Gottes (Kolosser 3,16; Hebräer 10,25)!

Nehmen wir einmal 1. Johannes 3,17: »Wer aber den zeitlichen Lebensunterhalt hat und seinen Bruder darben sieht und sein Herz vor ihm zuschließt, wie bleibt die Liebe Gottes in ihm?« Wenn du siehst, daß jemand Hilfe braucht, und du läßt ihm diese Hilfe nicht zuteil werden, obwohl du es könntest, dann liebst du nicht so, wie Gott es von dir erwartet.

Nehmen wir zum Beispiel einen tropfenden Wasserhahn. Er tropft schon seit Wochen. Deine Frau hat dich gebeten, ihn zu reparieren, und du hast es ihr versprochen. Du bist nur noch nicht dazu gekommen. Du hast noch so viele andere Dinge zu erledigen. Du mußt arbeiten, essen, schlafen, fernsehen, Tennis spielen, das Auto reparieren und vieles andere mehr. Aber du könntest den Wasserhahn in Ordnung bringen. Du hast das richtige Werkzeug dazu und auch das nötige Wissen. Wenn du dir nur die Zeit dazu nähmst! Was ist der Wille Gottes in dieser Sache? Wenn du ganz darin aufgehst, deine Frau zu lieben, indem du ihre Bedürfnisse erfüllst, und wenn sie schon so lange möchte, daß der tropfende Wasserhahn repariert wird, so gibt es nur eine Möglichkeit, nach dem Willen Gottes zu handeln: Hole dein Werkzeug und mache dich an die Arbeit! Das Wort Gottes leitet uns an, Liebe zu üben. Wenn wir menschlichen Bedürfnissen begegnen, werden wir suchen, ihnen gerecht zu werden und so die Liebe Gottes offenbaren.

Nun untersuche selbst einmal einige Situationen. Schlage alle betreffenden Bibelstellen nach und beantworte die Frage im Licht des Wortes Gottes.

Maria hat die Angewohnheit, ihre Kaffeepause über die erlaubte Zeit hinaus auszudehnen. Wie würde sich das ändern, wenn sie sich Kolosser 3,23 zu eigen gemacht hätte?

Paul ist mit einem ungläubigen Mädchen befreundet, und die Sache beginnt, ernst zu werden. Was würde er tun, wenn er 2. Korinther 6,14-18 kennen und ernst nehmen würde?

Die Familie Johann ist sehr darauf bedacht, den Gottesdienstbesuch nur in den allerdringendsten Fällen zu versäumen. Auf welche Schriftstelle ist deiner Meinung nach ihr Verhalten zurückzuführen?

Lydia ist mit Recht über einige Dinge im Leben ihres Mannes verärgert, aber sie unterdrückt ihren Zorn und sagt nichts. Wie würde es aussehen, wenn sie sich nach Epheser 4,25-26 verhielte?

Prediger Thomas geht nur zögernd auf die persönlichen Bedürfnisse und Probleme seiner Gemeindeglieder ein. Wie würde er seinen Auftrag ausführen, wenn er sich Kolosser 1,28-29 vor Augen hielte?

Die Mitglieder einer Gemeinde sind daran gewöhnt, daß ihr Prediger das Studium und die Verkündigung der Wahrheit fast allein durchführt. Was würde sich ändern, wenn man sie auf Römer 15,14 aufmerksam machte?

Das Leben besteht zum größten Teil aus Entscheidungen. Wir treffen unsere Entscheidungen aufgrund der gegebenen

Umstände und der Art und Weise, wie uns das Wort Gottes geprägt hat. Ich kann den Willen Gottes nur durch das Wort Gottes erkennen und ausführen; aber die Kenntnis des Wortes Gottes allein ist noch keine Garantie dafür, daß ich den Willen Gottes automatisch erkenne und ausführe. Ich muß das Wort mit meiner jeweiligen Lage in Verbindung bringen und meine jeweilige Lage mit dem Wort Gottes. Dann kann ich, geführt durch den Geist Gottes, meine Entscheidung treffen. Wenn ich das Wort Gottes in einer bestimmten Situation richtig angewandt habe, war ich auch dem Willen Gottes gehorsam.

Kolosser 1,9-10 zeigt uns, wie die Kenntnis des Wortes Gottes und die Anwendung desselben miteinander verbunden werden sollen. In Vers 9 sagt Paulus, daß er dafür betet, daß die Gläubigen »erfüllt werden mit der Erkenntnis seines Willens in alller geistlichen Weisheit und Einsicht«. Wir sollen von der Erkenntnis des Willens Gottes durchdrungen werden. Wir können die Erkenntnis seines Willens nur aus dem Wort Gottes erhalten. Wir sollen uns die Heilige Schrift so zu eigen machen, daß wir zur geistlichen Weisheit und Einsicht gelangen. Was machen wir dann aber mit dieser Erkenntnis, dieser Weisheit und diesem Verständnis, die wir in bezug auf den Willen Gottes haben? Vers 10 gibt uns den Sinn dieser geistlichen Einsicht: »Damit ihr des Herrn würdig wandelt zu allem Wohlgefallen: in allem guten Werk fruchtbar und in der Erkenntnis Gottes wachsend . . .«

Wir kennen den Willen Gottes, damit wir ihn ausführen können. Obwohl wir an den Willen Gottes oft nur bei großen Problemen und Entscheidungen denken – welche Schule wir zum Beispiel besuchen oder welchen Beruf wir ergreifen sollen, welches Mädchen oder welchen Mann wir heiraten oder an welchem Ort wir wohnen sollen –, so verbindet die Heilige Schrift den Willen Gottes doch mit unserem ganzen

Leben. Wir sollen ihm in *allen* Dingen gefallen und in *allem* guten Werk fruchtbar sein. Kein Lebensbereich ist vom Willen Gottes ausgenommen.

Manchmal ist der Wille Gottes einfach und klar. Wir würden wohl kaum lange überlegen, wenn wir zu entscheiden hätten, ob wir unsere Einkommenssteuererklärung fälschen sollen oder nicht. Viele Aspekte des Willens Gottes sind uns ganz selbstverständlich. Das verdanken wir meistens einer guten Unterweisung und Erziehung, die wir zu Hause und in der Gemeinde erhalten haben.

Aber in manchen Situationen müssen wir uns bemühen, die Gegebenheiten zu ordnen, um die richtige Entscheidung zu treffen. Paulus hat dies erkannt und nimmt in Epheser 5 dazu Stellung. In Vers 8 ermahnt er uns, »als Kinder des Lichts« zu wandeln. In Vers 10 sagt er, daß ein solcher Wandel die eifrige Bemühung in sich schließe, zu prüfen, »was dem Herrn wohlgefällig sei«. Diesem »Prüfen« liegt dasselbe griechische Wort zugrunde wie in Römer 12,2, wo es auch mit »prüfen« übersetzt wird. Der Wandel als Kinder des Lichts bedeutet ein fortwährendes Forschen, um zu erkennen, »was dem Herrn wohlgefällig sei«. Dieses gleiche Wort »wohlgefällig« finden wir auch in Römer 12,2 wieder. Der Apostel entwickelt also in diesen beiden Abschnitten im wesentlichen dieselben Gedanken. Sie werden erneut in Epheser 5,15-17 aufgenommen: »Sehet nun zu, wie ihr vorsichtig wandelt, nicht als Unweise, sondern als Weise; und kaufet die Zeit aus, denn die Tage sind böse. Darum seid nicht unverständig, sondern suchet zu verstehen, was des Herrn Wille sei!«

Beachte den Schlußsatz: »Sondern suchet zu verstehen, was des Herrn Wille sei.« Das Wort, das Paulus für »verstehen« verwendet, ist nicht das, welches er normalerweise benutzt. Es bedeutet wörtlich »zusammenfügen«. Die

Griechen betrachten das Verstehen als einen Prozeß, in dem die verschiedenen Punkte zusammengefügt werden. Paulus benutzt das Wort hier, um zu zeigen, daß das Verstehen des Willens Gottes nicht ein kurzer Augenblick der Einsicht sein kann, sondern eher ein langer Vorgang, in dem einzelne Teile wie in einem Puzzlespiel zusammengesetzt werden, bis man schließlich zur Erkenntnis des Willens Gottes in einer besonderen Situation gelangt.

Ein Abiturient, der sein Hauptstudienfach festlegen möchte, kann Monate damit verbringen, zu hören, zu lesen, sich zu unterhalten, zu denken und zu beten und dann alles zusammenfügen, um Gottes Willen für seinen Studienverlauf zu erkennen. Ein Angestellter kann einen ähnlichen Prozeß durchmachen, wenn er vor der Frage steht, ob er eine andere Stellung annehmen soll. Dort, wo die Bibel keine genauen Antworten gibt – wie in den beiden obigen Beispielen –, muß der Gläubige alle wichtigen Einzelheiten der bestimmten Situation mit allen biblischen Grundsätzen und Vorschriften vergleichen, die hierfür von Bedeutung sind. Ein solcher Kampf nimmt viel Zeit in Anspruch und kostet Kräfte, aber wir wachsen dabei unausweichlich in der Erkenntnis Gottes (Kolosser 1,10).

Letzte Woche erhielten wir per Post einen Scheck über 80 D-Mark, der auf mich ausgestellt war. Er kam von einer Versicherungsgesellschaft, die uns den Betrag zurückvergütete, den eine unserer Töchter für den Besuch bei einem Arzt wegen einer kleinen Operation hatte zahlen müssen. Es gab nur ein Problem: Unsere Tochter war in diese Versicherung nicht eingeschlossen; diese Versicherung galt nur für mich. Offenbar hatte der Arzt der Versicherungsgesellschaft die Rechnung geschickt, und dort hatte irgend jemand irrtümlich den Anspruch anerkannt. So wurde der Scheck ausgestellt. Wir wurden zwar zur Ehrlichkeit erzogen, kämpften aber fast eine Woche lang, um zu einer Entscheidung zu kommen, was wir mit dem Scheck anfangen sollten. Wir ertappten uns dabei, wie wir nach Gründen suchten, die uns das Recht geben sollten, den Scheck einfach einzulösen. Es ist erstaunlich, was einem alles einfällt, wenn Geld im Spiel ist. Einmal dachte ich sogar: Es muß Gottes Wille gewesen sein, uns mit zusätzlichem Geld zu versorgen, da er wußte, daß wir es brauchen. Es war offensichtlich sein festgelegter Wille, daß wir den Scheck erhielten; aber es gab nichts, woraus wir hätten schließen können, daß es auch seinem Wunsch entsprach, daß wir den Scheck behielten. Schließlich entschlossen wir uns aber, den Scheck zurückzuschicken.

Fassen wir nun zusammen: Meine Welt liefert mir ständig eine Vielzahl verschiedener Einzelheiten. Ich empfange sie und verarbeite sie dann. Wenn ich dem Wort Gottes den Vorrang in meinem Leben einräume, wird das Ergebnis auch dem Willen Gottes entsprechen.

6

DER WILLE GOTTES UND DEINE WELT

Die Bedeutung deiner Welt

Bis jetzt haben wir uns bemüht, den Gläubigen dazu zu bringen, sich stets am Wort Gottes zu orientieren, denn ohne das Wort kann er den Willen Gottes nicht wirklich erkennen. Aber der Wort-orientierte Gläubige lebt in der Welt, und in dieser Welt tut er auch den Willen Gottes. Die Welt bildet also die Umgebung, in der er den Willen Gottes erkennt und ausführt. Die Lebenserfahrungen bilden die Struktur, in die unsere Entscheidungen, zu sein, wie Gott es will, und zu tun, was Gott will, eingewebt werden. Der Herr sagte ganz klar, daß der Christ *in* der Welt, aber nicht *von* der Welt ist. Während er in der Welt ist, wird er in der Wahrheit geheiligt werden (Johannes 17,14-19). In der Wahrheit zu sein, während wir in der Welt sind, heißt, nach dem Willen Gottes zu handeln. Wir finden den Willen Gottes nicht mit Hilfe der Welt, sondern in der Welt, das heißt, die Welt liefert uns sowohl die Zusammenhänge, durch die wir ihn erkennen, als auch den Ort, an dem wir ihn ausführen.

Die Umgebung des Christen ist einer Bühne zu vergleichen, auf der er sich nach dem Willen Gottes verhält. Ebenso ist die Welt die Souffleuse, die ihm die Stichworte gibt, und sie ist auch der Ort, an dem ihm andere Schauspieler Hilfestellung leisten, damit er weiß, was er tun soll. Aber das Manuskript ist das Wort Gottes; es bildet die Grundlage. Manchmal helfen die Schauspieler und manchmal nicht.

Aber vor allem kommt es darauf an, daß der Christ sein Stück nicht in den »Zuschauerreihen« – als »von der Welt« – aufführt, sondern auf der »Bühne« – als »in«, aber nicht »von der Welt«.

Die Theologie deiner Welt

Der Theist behauptet, die Welt sei wie eine Uhr, die Gott gemacht und aufgezogen und nun ihrem eigenen Lauf überlassen habe. Er sei ein Gott, der nicht eingreife, der nichts mit der Welt zu tun habe – ein abwesender Gott.

Der Pantheist dagegen sagt, Gott sei überall und in allem. Er sei so sehr mit dem Leben verbunden und Bestandteil von allem, daß er nicht außerhalb der Welt existiere.

Die Bibel sagt, daß beide Ansichten teilweise richtig sind. Gott ist der Schöpfer und Erhalter, der außerhalb dieser Welt existiert. Trotzdem ist Gott gleichzeitig aufs engste sogar mit dem kleinsten Teil der Welt verbunden, die er erschaffen hat. Jesaja 40 erfaßt beide Aspekte Gottes. Der Verfasser offenbart, daß der, der »über dem Kreise der Erde sitzt« (Jesaja 40,22), derselbe ist wie der, der »dem Müden Kraft und Stärke genug dem Unvermögenden« gibt (Jesaja 40,29). Paulus behandelt ebenfalls diese beiden Gedanken, wenn er in Apostelgeschichte 17 sagt, daß »Gott, der die Welt gemacht hat und alles, was darin ist . . . wohnt nicht in Tempeln von Händen gemacht« (Apostelgeschichte 17,24), auch der Gott ist, der »nicht ferne ist von einem jeglichen unter uns« (Apostelgeschichte 17,27).

Die Welt, in der wir leben, ist eine Welt, in der Gott am Werk ist. Er wirkt alles nach dem Ratschluß seines Willens (Epheser 1,11). Er läßt alles zum besten mitwirken (Römer 8,28). »Er läßt seine Sonne aufgehen über Böse und Gute und läßt regnen über Gerechte und Ungerechte« (Matthäus

5,45). Er hat »sich selbst nicht unbezeugt gelassen, hat uns viel Gutes getan, uns vom Himmel Regen und fruchtbare Zeiten gegeben« (Apostelgeschichte 14,17). Der Segen der Nahrung und die Möglichkeit, sich zu verheiraten, sind Gaben aus der Hand des gnädigen Gottes (1. Timotheus 4,3-4). Geld und die Möglichkeit, materiellen Besitz zu erwerben und sich daran zu erfreuen, sind von Gott gegeben (1. Timotheus 6,17). Direkt oder indirekt greift Gott in unsere Welt und damit auch in das Leben eines jeden ein. Wir beginnen nun zu begreifen, daß die Welt für uns die Umgebung sein kann, in der wir den Willen Gottes erkennen und ausführen. Wir sind sein Volk, das in seiner Welt durch sein Wort regiert und geleitet wird und in seiner Welt versucht, seinen Willen zu erkennen und zu tun.

Bei der biblischen Auslegung eines bestimmten Textes ist der Zusammenhang wichtig. In der Praxis trifft dies auch zu. Der Gläubige versucht, das Wort Gottes – den Text – in der Welt Gottes – dem Zusammenhang – auszulegen, um den Willen Gottes – die Bedeutung, die Auslegung – herauszufinden. Der Zusammenhang ist nicht von oberster Bedeutung, aber er ist doch für die Erkenntnis des Willens Gottes sehr wichtig.

Ein Beispiel

Vom Magistrat wurde eine Verordnung erlassen: »Während der Schulzeit besteht in Schulgebieten eine Geschwindigkeitsbegrenzung von 25 km/h.« Dies ist ein Gebot – ein Gesetz. Es beruht auf dem Grundsatz, Leben und Sicherheit kleiner Kinder auf ihrem Weg in und von der Schule zu schützen und zu garantieren. Dieses Gesetz wird der Öffentlichkeit durch Verkehrszeichen an Kreuzungen angezeigt, die die Fahrer über die besonderen Einzelheiten informieren:

»Schulgebiet – während der Schulzeit 25 km/h.« Dies ist der Wunsch, der Wille der Stadtväter.

Natürlich steht das Zeichen nicht im leeren Raum. Es gibt in der Umgebung viele andere Dinge, die uns auf das Zeichen und seine Bedeutung aufmerksam machen. Da sind zum Beispiel die Schulgebäude und auf dem Schulhof spielende Kinder. Normalerweise befindet sich an der Kreuzung ein markierter Fußgängerüberweg. Vielleicht sehen wir auch Kinder in Uniform, mit einer Fahne in der Hand, die als Schülerlotsen tätig sind. Ein Polizist oder ein Streifenwagen könnte sich in der Gegend aufhalten. Dein Auto hat einen Geschwindigkeitsmesser, der dir zeigt, wie schnell du fährst, und es hat Bremsen, mit denen du die Geschwindigkeit herabsetzen kannst. Auch andere Fahrzeuge fahren zur gleichen Zeit durch das Schulgebiet: Einige fahren zu schnell, andere haben die richtige Geschwindigkeit. Vielleicht hast du sogar einen Mitfahrer, der dich damit belästigt, daß er dir völlig unerwünschte Anweisungen gibt, wie du dich in dieser Situation verhalten sollst. Das Schulgebiet kann auch alte Erinnerungen an einen Unfall wachrufen, den du oder einer deiner Bekannten einmal hattest. Dein Gewissen flüstert dir zu: »Fahre langsamer!« Außerdem hat dir Gott Augen gegeben, um alle Dinge zu sehen, Ohren, um die entscheidenden Geräusche zu hören, einen Verstand, um alle wichtigen Merkmale aufzunehmen, und einen Willen, um eine Entscheidung zu fällen. Das Zeichen ist von all diesen Dingen umgeben. Sie helfen uns, das Zeichen zu verstehen, und veranlassen uns, ihm zu folgen. Sie helfen uns, den Willen der Stadtverwaltung zu erkennen und ihm zu gehorchen, das heißt, unsere Geschwindigkeit auf 25 km/h abzubremsen.

Ähnlich hat Gott in seinem Wort durch Gebote und Grundsätze dargelegt, wie wir nach seinem Willen sein und wie wir uns verhalten sollen. Er hat es uns ganz klar gesagt, und es ist unsere Verantwortung, darum zu wissen und entsprechend zu handeln. Wir leben ja auch in seiner Welt, und er hat uns zahlreiche andere Umstände gegeben, die er dazu benutzt, uns auf seine Gebote und Grundsätze in seiner Welt aufmerksam zu machen. Er benutzt dieselben Umstände ebenfalls als von ihm geplanten Zusammenhang, der uns hilft, seinen Willen zu verstehen, und uns ermutigt, ihn zu tun.

Die anderen Gegebenheiten

Erstens: äußere Gegebenheiten

Umstände – Gott benutzt das Geschehen in unserem Leben, um uns bei der Erkenntnis seines Willens zu helfen.

Ratschläge – Wir treffen mit Menschen zusammen, die uns Worte der Weisheit und Einsicht sagen, die uns helfen, unserer Berufung würdig zu wandeln.

Folgen – Sowohl die erfreulichen als auch die unerfreulichen Folgen unserer Handlungen zeigen uns an, was Gottes Wille ist oder was er war.

Zweitens: Innere Gegebenheiten

Vernunft – Unsere Fähigkeit, logisch zu denken, dient als Hilfe bei der Erkenntnis des Willens Gottes.

Innerer Trieb – Die innere Neigung, etwas zu tun oder zu unterlassen, kann eine Richtschnur für den Willen Gottes sein.

Gewissen – Unser innerer moralischer Kontrollmechanismus kann in Gang gesetzt werden, wenn wir erkennen wollen, was nach Gottes Willen in unserem Leben geschehen soll.

Zufriedenheit – Es ist ebenfalls von großer Bedeutung, was wir bei bestimmten Handlungen empfinden. Es hilft uns zu entscheiden, ob etwas Gottes Wille für uns ist.

7

DIE UMSTÄNDE UND DER WILLE GOTTES

Die jeweiligen Umstände sollten für den Christen von höchster Bedeutung sein. Für einen Menschen, der fest an einen Gott glaubt, der die Welt im allgemeinen und sein Leben im besonderen in der Hand hält, geschieht etwas nicht einfach. Ob es sich um eine Zehenverstauchung, den Verlust eines Arbeitsplatzes, das zufällige Treffen eines alten Freundes, das Läuten des Telefons oder einen unerwarteten Scheck per Post handelt – der Gläubige muß lernen, die Umstände zu berücksichtigen. Warum? Weil Gott die Umstände benutzen kann – und er benutzt sie tatsächlich –, um uns zu helfen, seinen Willen zu erkennen und zu tun.

Gott hat die Hand im Spiel

Gott hat bei allen unseren Lebensumständen die Hand im Spiel. Epheser 1,11 sagt, daß er »alles wirkt nach dem Ratschluß seines Willens«. Der Zusammenhang lehrt uns, daß uns die Erlösung in ihrer ganzen Größe durch das zuteil wird, was Gott in Jesus Christus für uns getan hat. Was dem Gläubigen auch begegnet, es geschieht, weil Gott am Werk ist.

Es ist eine Tatsache, sagt Paulus, daß Gott alles – Erlösung und alles andere – nach dem Ratschluß seines Willens wirkt. In dem Wort »Ratschluß« liegt der Gedanke der Überlegung und Entscheidung. Das Wort »Wille« birgt den Wunsch in sich. Der göttliche Geist befindet sich nicht in einem Zustand der Gleichgültigkeit. Gott hat die Neigung, etwas zu tun, und er tut es auch. Er berät sich mit niemandem. Er selbst beschließt, was er tun will. Gott steht von Anfang bis Ende hinter allen Dingen. Keines der Ereignisse in meinem und deinem Leben ist ausgenommen. Die drei Schlüsselworte in diesem Vers sind »wirken« – wodurch die Tätigkeit Gottes betont wird – und »Wille« – wodurch die Allmacht Gottes betont wird. Gott ist in allen Dingen aktiv am Werk; er tut, was er will. Stelle diese Wahrheit neben jedes Ereignis in deinem Leben: Er wirkt alles nach dem Ratschluß seines Willens.

Römer 8,28 geht weiter auf die Vorstellung ein, daß Gott in unserem Leben wirkt: »Wir wissen aber, daß denen, die Gott lieben, alles zum Besten mitwirkt, denen, die nach dem Vorsatz berufen sind.«

Beachte, daß alle Dinge zu etwas »dienen«. Die Ereignisse unseres Lebens geschehen nicht zufällig; sie werden von Gott zu einem guten Zweck aufeinander abgestimmt. Die Ereignisse treten nicht losgelöst von Gottes Plan ein, sondern sind in diesen Plan miteinbezogen. Sie haben alle einen Zweck, der mit dem einen Wort »gut« beschrieben ist. Hier bezieht sich »alles« sogar auf die Leiden des Lebens (Römer 8,18). »Mitwirken« bedeutet, daß alles seine zugwiesene Rolle in unserem Leben spielt – von Gott seinen Platz erhalten hat. Die einzelnen Ereignisse können manchmal als solche nicht als gut – besonders aus unserer Sicht – bezeichnet werden, aber der erreichte Endzweck ist gut. Eine solche Einsicht in die Umstände ist ganz konkret im Geist derer vorhanden, die »Gott lieben«. Gott zu lieben ist unsere persönliche Reaktion, die uns dann gewahr werden läßt, wie Gott in unserem Leben wirkt. Der objektive Grund wird am Ende des Verses gegeben: Wir sind »nach dem Vorsatz berufen«. Wir sind zu einer Beziehung mit ihm berufen, die seinen Plan für unser Leben enthält. So gibt es also sowohl eine göttliche als auch eine menschliche Seite. Unsere Haltung und sein Handeln verbinden sich, um uns die Wirklichkeit der Allmacht Gottes in jedem Lebensbereich klar vor Augen zu stellen.

Gehen wir noch einen Schritt weiter. Gott wirkt nicht nur in allen Ereignissen unseres Lebens und richtet sie nach einem guten Zweck aus, sondern er benutzt alle nur erdenklichen Ereignisse, um diesen guten Zweck zu erreichen. Prediger 7,13-14 ist eine tiefgründige Darlegung dieser Tatsache: »Betrachte das Werk Gottes! Wer kann gerade machen, was er krümmt? Am guten Tage sei guter Dinge, und am bösen Tage bedenke: auch diesen hat Gott gemacht gleich wie jenen, – wie ja der Mensch auch gar nicht erraten kann, was nach demselben kommt.«

In den Versen 11 un 12 von Prediger 7 spricht der Verfasser Salomo über den Wert der Weisheit – sie macht das Leben reicher. Ein wirklich weiser Mensch weiß, wie Gott wirkt. Und in den Versen 13-14 gibt er uns Einblick in diese Fragestellung. Salomo erinnert an die Wirklichkeit der Allmacht Gottes, indem er sich auf das »Werk Gottes« bezieht.

Das Wort »Werk« sollte uns nun vertraut sein, da wir uns bereits in Epheser 1,11 und Römer 8,28 damit beschäftigt haben. Unsere Antwort auf die Tatsache, daß Gott am Werk ist, erkennt man darin, daß wir darüber nachdenken. Paulus beruft sich auf den Verstand, wenn er in Römer 8,28 sagt: »Wir wissen aber, daß . . . alles zum besten mitwirkt . . .« Eine Lehre muß man sich ins Gedächtnis einprägen. Das Denken ist fürs Leben grundlegend.

In der zweiten Hälfte von Vers 13 in Prediger 7 zeigt der Verfasser die Beziehung des allmächtigen Gottes zum menschlichen Leben auf. Er fragt: »Wer kann gerade machen, was er krümmt?« Diese Frage soll drei Dinge verdeutlichen. Erstens zeigt sie, wie das Leben für einen jeden von uns wirklich aussieht: Es ist gebogen, gekrümmt! Es ist ein Auf und Ab. Es gibt Spannungen und Schicksalsschläge. Zweitens zeigt sie, was Gott tun kann: Er krümmt unser Leben. Er ist in das Auf und Ab verwickelt, in das Rauhe und Angenehme unseres Lebens. Drittens zeigt sie, was der Mensch nicht vermag: Der Mensch kann nicht gerade machen, was Gott gekrümmt hat! Wenn Gott eine Kurve in den Weg eines Menschen einbaut, so kann der Mensch sie nicht beseitigen. Wenn die Luft aus einem Reifen zischt, wenn wir nach Gottes Vorsehung über einen Nagel gefahren sind, können wir nicht wieder zurückfahren und die Umstände so verändern, daß der Nagel nicht mehr da und die Luft wieder im Reifen ist. Wie großartig zeigt dies, daß Gott in seiner Allmacht wirkt. Er »krümmt« unsere Lebensumstände.

»Wer kann gerade machen, was er krümmt?« Die Antwort ist eindeutig: Niemand. Prediger 7,14 gibt uns eine Reihe von Anweisungen, wie wir uns in den Lebensumständen, die Gott herbeiführt, verhalten sollen. »Am guten Tage sei guter Dinge.« Wenn die Dinge gut laufen, wenn der Weg gerade ist – freue dich! In der Regel braucht man uns dies nicht erst zu sagen. Wenn alles gut geht, wissen wir dies von selbst, und wir fühlen uns wohl. Aber dann kommt der »böse Tag«, der Tag, an dem alles querläuft. Man wird von Kopfweh gequält. Das Auto geht kaputt. Der Bus hat Verspätung. Der Scheck läßt auf sich warten. Das Baby schreit die ganze Nacht. Wie reagieren wir dann? Wir sind versucht, enttäuscht und niedergeschlagen zu sein. Aber unsere Anweisung lautete, zu denken! Wir sollen die Tatsache gründlich durchdenken, daß Gott am Werk ist, daß er sowohl den einen – guten – Tag als auch den anderen – bösen – Tag gemacht hat. Er plant für unser Leben sowohl das Gedeihen wie die Widerwärtigkeiten. Manchmal folgt das eine direkt auf das andere – ohne jegliche Vorwarnung.

Ich befand mich im Arcadia-Gymnasium in Phoenix, Arizona, und schaute meinem Sohn Jim zu, wie er beim Diskuswerfen in einem Leichtathletik-Wettkampf mitmachte. Jim warf sehr gut, und als der Wettkampf vorbei war, kam er auf mich zu und sagte, daß er nicht nur gewonnen, sondern auch den Schulrekord gebrochen habe. Er hatte als Student im ersten Semester den Diskus weiter geworfen, als alle Studenten des ersten Semesters das je geschafft hatten. Für seinen Vater war dies ein Augenblick des Glücks. Ich freute mich. Was für ein Talent steckte doch in diesem Jungen! Er hatte es bestimmt von seinem Vater geerbt! Ich lehnte mich an den Zaun und genoß diesen Augenblick des Glücks. Dann kamen meine Frau und meine anderen drei Kinder an. Ich erzählte ihnen, was Jim erreicht hatte, und sie freuten sich mit mir. Aber dann packte Audrey, meine Frau, ihre Neuigkeiten aus: »Dr. Mattson rief gerade wegen des Krankenberichts über das Muttermal an, das du dir diese Woche hast entfernen lassen. Du hast Krebs.«

Sofort schlug das Gute ins Böse um. In diesem Augenblick und in den darauffolgenden Tagen mußte ich mich hart mit der Tatsache auseinandersetzen, daß Gott in meinem eigenen Leben am Werk war. Ich mußte tief über die Tatsache nachdenken, daß Gott diesen Umständen erlaubt hatte, in mein Leben einzudringen. Ich mußte lernen, dies aus Gottes Hand anzunehmen – und es war nicht leicht. Drei Tage später ließ ich mich operieren, und bis zum heutigen Tag ist kein Anzeichen für diese bösartige Krankheit mehr aufgetreten.

Warum wirkt Gott auf diese Weise in unserem Leben? Warum plant er Wohlergehen und Widrigkeiten in unser Leben ein, die sich oft ohne Vorwarnung abwechseln? Der

Grund ist in Prediger 7,14 klar angegeben: »Wie ja der Mensch auch gar nicht erraten kann, was nach demselben kommt.«

Wenn Gott auf diese Weise wirkt, wissen wir nie mit Sicherheit, was als nächstes geschieht. Das bedeutet nun nicht, daß wir raten, sondern vielmehr, daß wir vertrauen sollen. Sprüche 3,6 macht hierzu eine klare Aussage: »Erkenne ihn auf allen deinen Wegen.«

Wenn unser Leben eine ebene, gerade Straße wäre, wären wir bald so sebstzufrieden, daß wir zum Herrn sagen würden: »Überlasse das Lenken nur mir!« Die Erbauer von Autobahnen planen stets leichte Kurven, Hügel und Täler mit ein, um die Fahrer wachzuhalten. Wenn die Straßen vollkommen gerade und eben sind, werden die Fahrer von den stets gleich aussehenden Betonpisten geradezu hypnotisiert – sie werden nachlässig oder schlafen gar ein. Die Christen würden ebenso reagieren, wenn das Leben von Anfang bis Ende ruhig und eintönig verliefe. Gott plant Kurven, Vertiefungen und sogar Umleitungen mit ein, um uns wach zu halten und unser Vertrauen zu stärken.

Wir haben also gesehen, daß Gott unsere Lebensumstände lenkt. Wir müssen uns dies stets ins Gedächtnis rufen und uns bewußt machen, daß uns dieses Eingreifen Gottes helfen soll, seinen Willen zu erkennen und auszuführen. In Apostelgeschichte 1,8 zum Beispiel erklärte Jesus seinen Willen für die Jünger. Sie sollten zu Hause in Jerusalem, dann in Judäa und Samarien und schließlich in der ganzen Welt seine Zeugen sein. In Apostelgeschichte 8,1 sehen wir, wie Gott durch die Umstände der Verfolgung wirkt und viele Jünger aus Jerusalem nach Judäa und Samarien hinaustreibt. Sein Wille war es, daß sie über Jerusalem hinaus seine Zeugen sein sollten. Der Druck der Verfolgung veranlaßte sie fortzugehen. In Philipper 1,12-14 zeigt Paulus auf, daß die Umstände seiner

Gefangenschaft die Verbreitung des Evangeliums begünstigten. In 2. Korinther 7,8-11 schreibt er über die segensreichen Wirkungen eines scharfen Briefes, den er den Christen in Korinth geschrieben hatte. Er betont, daß sie bis zur Reue betrübt worden seien.

Christen sollten den Umständen gegenüber empfindsam sein. Gesundheit, Wechsel des Arbeitsplatzes, finanzielle, internationale, nationale, lokale, familiäre und persönliche Situationen sollten mit dem Blick auf das, was Gott uns damit zeigen will und was er von uns erwartet, betrachtet werden. Wenn wir von einem Autobahnunglück erfahren, sollten wir selbst beim Fahren vorsichtiger werden. Wenn wir Übergewicht haben und schnell außer Atem sind, sollten wir unsere Ernährung überdenken und eine bestimmte Diät einhalten.

Eines Sommers flogen meine Frau und ich zu einem zweiwöchigen Besuch nach Israel. Wir kamen an einem Freitag auf dem Flughafen in Tel Aviv an, nicht jedoch unser Gepäck. Fünf Tage und fünf Nächte lang mußten wir in den Kleidern aushalten, die wir auf dem Leib trugen, und mit der Zahnpasta und der Zahnbürste, die meine Frau in ihrer Handtasche hatte, auskommen. Unerfreuliche Umstände sind hierfür noch ein milder Ausdruck. Aber wir wußten, daß Gott alles so geplant hatte, und so fragten wir uns nach dem Warum.

Wir erhielten die Antwort aus seinem Wort. Johannes 15,5 sagte uns: »Getrennt von mir könnt ihr nichts tun.« Vorher hatten wir gedacht: Solange wir unser Gepäck haben, ist uns alles möglich. Wir lernten, dem Herrn mehr als unserem Gepäck zu vertrauen. Auch Kolosser 3,2 prägte sich uns ein: »Trachtet nach dem, was droben, nicht nach dem, was auf Erden ist.« Der Herr wußte, daß wir mit dem, »was auf Erden ist«, zufrieden gewesen wären, solange wir unser Gepäck bei uns hatten. So sah er sich in Amsterdam nach einem Mann um, der uns unseren irdischen Besitz fünf Tage lang vorenthielt.

Wenn wir mitten in irgendwelchen Umständen stecken, besitzen wir nicht immer diese Einsicht. Manchmal haben wir rückblickend die richtige, gottgemäße Sicht der Dinge. So ging es auch dem Psalmisten, wenn er in Psalm 119,67 schreibt: »Ehe ich gedemütigt ward, irrte ich, nun aber befolge ich dein Wort.« Er erkannte jetzt, daß Gott Druck ausgeübt hatte, um ihn zum Gehorsam zu bringen. Hebräer 12,11 sagt uns, daß die Züchtigung Gottes im Leben des Gläubigen im ersten Augenblick nicht erfreulich erscheint, daß sie aber danach die friedsame Frucht der Gerechtigkeit gibt. Wir können auf viele Vorfälle in unserem Leben zurückschauen und erkennen, wie Gott in einer Vielzahl von Umständen am Werk ist. Mitten in den jeweiligen Umständen konnten wir die Hintergründe nicht erkennen; aber je mehr wir wachsen und reifen, desto schneller und genauer sollten wir sie erfassen können. Dies ist die Entwicklung der Fähigkeit, den Willen Gottes zu erkennen, wie wir es in Römer 12,2 finden und wie es in Hebräer 5,14 weiter ausgeführt wird, wo es heißt, das die Sinne der »Gereiften« durch Übung geschult sind, um Gutes und Böses zu unterscheiden.

Eine Warnung

Überprüfe die Umstände immer im Licht des Wortes Gottes. Die Heilige Schrift gibt uns maßgebende Richtlinien zu ihrer Beurteilung. Wir können die Umstände falsch erfassen oder falsch auslegen. Zum Beispiel: Die Straße ist gerade; es ist späte Nacht und kein Verkehr; du siehst keinen Streifenwagen. All das könnte uns zu dem Gedanken verleiten, daß es richtig sei, die Geschwindigkeitsbegrenzung zu überschreiten.

Aber das Wort Gottes sagt, daß wir um des Herrn willen aller menschlichen Ordnung untertan sein sollen (1. Petrus 2,13) – ungeachtet der Umstände. Obwohl sich das »Gesetz« nicht zeigt, ist doch Gott bei uns.

Er sieht gut aus, hat eine gute Position und ist wirklich eine Persönlichkeit. Ihr trefft euch häufig. Aber du bist Christ und er nicht. Die Umstände scheinen für eine Heirat zu sprechen, aber das Wort sagt: Nein (2. Korinther 6,14-17).

Das Leben ist überraschend reich an Umständen für jeden einzelnen von uns. Gott wirkt in ihnen allen, und wir müssen für den Zweck, den er in sie hineingelegt hat, empfänglich sein. Wir sollten lernen, die Bedeutung der Umstände zu erfassen und sie stets am Wort Gottes zu messen. Alle Einsichten, die wir gewinnen, und alle Schritte, die wir aufgrund der Ereignisse in unserem Leben unternehmen, müssen stets im Einklang mit der klaren Lehre der Heiligen Schrift sein.

8

RATSCHLÄGE UND DER WILLE GOTTES

Du mußt eine schwere Entscheidung fällen. Du weißt nicht, welche Wahl du treffen sollst. Du möchtest Gottes Willen tun, aber du weißt nicht sicher, was in diesem Fall sein Wille ist. Einem Freund, dem du vertraust, erzählst du von deinem Problem. Dein Freund gibt dir einige gute Hinweise, und dann entscheidest du dich. Ist dies für einen Gläubigen der rechte Weg? Sollten wir uns um Rat und Hilfe an Freunde wenden? Können andere uns helfen, den Willen Gottes zu erkennen und zu tun?

Was für das Ratsuchen bei anderen spricht

Es ist praktisch, mit einem anderen über die Probleme zu sprechen, denen wir in unserem Leben gegenüberstehen. Schon wenn wir die Probleme in Worte fassen, wird uns unsere eigene Haltung deutlicher, und unsere Gedanken werden klarer. Auch durch das Hören auf andere können wir durch deren Weisheit und Erfahrung zusätzliche Informationen und Einsichten gewinnen.

Und es ist nicht nur praktisch, sondern auch biblisch. Gläubige sind in Jesus Christus miteinander verbunden und zum Dienst aneinander verpflichtet. Epheser 4,15 zeigt, daß in dem Augenblick Wachstum geschieht, wo Glieder des Leibes Christi in Liebe die Wahrheit aussprechen. Wenn wir um Rat bitten, machen wir es möglich, daß dieser

Wachstumsprozeß stattfindet. In 1. Korinther 12,25-26 benutzt Paulus den Vergleich mit dem menschlichen Körper, um zu zeigen, was im geistlichen Bereich geschehen sollte: ». . . damit es keinen Zwiespalt im Leibe gebe, sondern die Glieder gleichmäßig füreinander sorgen. Und wenn ein Glied leidet, so leiden alle Glieder mit; und wenn ein Glied geehrt wird, so freuen sich alle Glieder mit.«

Diese Verse zeigen uns, daß sich Christen umeinander kümmern und füreinander sorgen sollen. Außerdem sollte die Verbindung untereinander so eng sein, daß alle Glieder des Leibes sofort merken, wenn ein einzelnes Glied leidet oder sich freut. Wenn wir betrübt oder bedrängt sind, brauchen wir oft einen guten Rat, wie wir Gottes Willen in dieser Sache erkennen können. Habe keine Angst, um Rat zu fragen, und zögere nicht, Rat zu geben, wenn man dich darum bittet.

Galater 6,2 ist ein weiterer Hinweis, der den Gedanken der gegenseitigen Hilfe betont. Wir werden ermahnt: »Traget einer des andern Lasten, und so werdet ihr das Gesetz Christi erfüllen!«

Manchmal ist die Last, die wir tragen, offenkundig, und diejenigen unter uns, die geistlich mündig sind, sollten ganz spontan Hilfestellung leisten. Das ist die Bedeutung von Galater 6,1, die uns sagt, daß dem, der von einem Fehltritt übereilt worden ist, von seinen geistlichen Freunden zurechtgeholfen werden soll. Manchmal aber können wir unsere Last so gut verbergen, daß niemand sie sieht. Keiner kann uns helfen, wenn wir uns nicht mitteilen. Wir tragen oft allein, was wir mit anderen teilen sollten.

Die Heilige Schrift ist voller Beispiele für das Erteilen von guten Ratschlägen. Jethro beriet Mose in bezug auf die Gerichtsbarkeit (2. Mose 18,13-26). Ältere Frauen werden aufgefordert, junge Frauen zu beraten (Titus 2,3-5). Gläubige werden angewiesen, sich gegenseitig zu belehren und zu ermahnen (Kolosser 3, 16). Paulus spricht von der Ermutigung, mit der er rechnet, wenn er mit den Christen in Rom zusammentrifft (Römer 1,12). Tatsächlich waren viele Briefe des Paulus mit Unterweisung in der Lehre und praktischen Hinweisen für andere Christen angefüllt. Manchmal war sein Rat erwünscht, manchmal aber auch nicht.

Manche Leute betrachten es als ein Zeichen von Schwäche, wenn jemand um Rat bittet. Sie sind der Meinung, ein wirklich erwachsener Mensch müsse in der Lage sein, seine Probleme selbst zu lösen oder habe sogar keine Probleme. Eine solche Auffassung widerspricht dem biblischen Gedanken von der gegenseitigen Abhängigkeit der Glieder des Leibes Jesu Christi. Wenn Christen, die Hilfe brauchen, nicht darum bitten, werden sie sie nie erhalten, und der gesamte Leib wird darunter leiden. Es ist durchaus kein Zeichen von Schwäche, um Rat zu bitten, sondern vielmehr ein Zeichen persönlicher Reife. Wenn du ein Problem hast, das du nicht selbst lösen kannst, du aber weißt, daß ein anderes Glied des Leibes Jesu Christi die Weisheit und Einsicht hat, die dir in diesem Fall fehlt, so zeigst du eine gewisse Reife, wenn du ihn um Rat fragst. Ein kleines Kind lehnt nämlich oft die Hilfe seiner Eltern ab, wenn es eine Aufgabe nicht bewältigen kann. Warum? Weil es gar nicht erkennt, daß es mit der Aufgabe allein nicht fertig wird. Es ist ein Zeichen von Unreife, wenn jemand sein Unvermögen, eine Sache allein zu Ende zu führen, nicht einsieht. Wenn das Kind dann größer wird, erkennt es, was über seine Kraft und Fähigkeit geht, und lernt, um Hilfe zu bitten. Es ist ein Zeichen des Wachstums und der Reife – nicht ein Zeichen von Schwäche.

Wie erhält man seelsorgliche Hilfe?

Obwohl wir die Fähigkeit entwickeln können, mit vielen Problemen selbst fertig zu werden, stehen wir manchmal vor einer Schwierigkeit oder vor einer Entscheidung, die schwerwiegender ist als gewöhnlich und bei der wir Hilfe brauchen. Entscheidungen im Blick auf die Schule, die ich besuchen soll. welches Fach ich wählen, welchen Beruf ich ergreifen, wen ich heiraten, wo ich leben soll – das sind einige der Grundprobleme des Lebens, und wir wollen doch gerade in diesen Dingen den Willen Gottes erkennen und tun. Andere können uns dabei helfen, den Willen Gottes zu erfahren.

Gott stellt uns Brüder und Schwestern an die Seite, zu denen wir Vertrauen haben können. Der Gläubige sollte erkennen, wann eine Situation eingetreten ist, in der er die Hilfe seiner Geschwister in Anspruch nehmen sollte. Der Helfer kann deine Mutter, dein Vater, dein Gemeindeleiter, dein Jugendleiter, dein Lehrer oder einfach ein guter Freund sein, den du achtest. Aber sei vorsichtig! Geh nicht zu einem unerfahrenen Beteiligten, sondern zu einem geistlichen Menschen, der dir auch wirklich raten kann.

Und noch etwas: Geh, solange du noch Zeit hast, die Dinge in Ordnung zu bringen. Wenn zum Beispiel ein Mann merkt, daß seine Ehe nicht in Ordnung ist, aber überzeugt ist, das Problem selbst lösen zu können, kann er sehr leicht entdecken, daß es zu spät und die Gelegenheit schon verpaßt ist, wenn er schließlich doch um Hilfe bittet. Die Zeit ist dann meistens abgelaufen.

Wie man am besten seelsorglich hilft

Wer selbst seelsorglich tätig ist, hat es am ehesten nötig, sich seelsorglich raten zu lassen. Es ist zwar ein Vorrecht, anderen Menschen zu helfen, den Willen Gottes zu erkennen und zu tun, aber gleichzeitig eine schwere Verantwortung. Man kann jedoch nicht warten, bis man selbst vollkommen ist, und dann erst anfangen, anderen zu helfen. Dann braucht man nämlich überhaupt gar nicht erst damit anzufangen. Die Heilige Schrift sagt uns, daß alle Gläubigen einander lehren und ermahnen können und das auch tun sollen (Römer 15,14; Kolosser 3,16). Die Gemeinde sollte eine Gruppe von Christen sein, die sich gegenseitig auferbauen. Jedes Glied sollte stets bereit sein, anderen neue Einsichten zu vermitteln. »Lehren und ermahnen« sind Lieblingsworte des Apostels Paulus, mit denen er den Charakter der Verbindung untereinander beschreibt. Das heißt, daß auch unser Rat belehrend sein soll. Wenn unser Rat am Wort Gottes ausgerichtet ist, wird er immer zutreffen. Wenn unser Rat nur auf eigener Erfahrung beruht, ist er nichts weiter als eine persönliche Meinung.

Unsere persönliche Haltung, unsere Meinung und unser Urteil müssen in jedem Fall den Aussagen des Wortes Gottes entsprechen, bevor wir sie anderen als geeignete Medizin anbieten. Die Lehrer des Wortes Gottes sollten eingedenk sein, daß der seelsorgliche Rat, den sie weitergeben, dem Willen Gottes entsprechen muß. Gemeindeleiter, Sonntagschullehrer und Eltern tragen ja fast ständig diese große Verantwortung. Erkenne deinen bedeutungsvollen Einfluß und lehre überzeugend! Außerdem hat jeder Gläubige, der in irgendeiner Weise mit einem anderen Gläubigen in Verbindung steht, die Möglichkeit, diesen über den Willen Gottes zu belehren. Wenn wir sprechen, üben wir ja gleichzeitig einen Einfluß aus. Wir sollten uns deshalb stets dessen bewußt sein, daß wir das sagen, was Gott will, und zwar in einer Weise, die dem anderen verständlich ist. Jede noch so beiläufige Unterhaltung ist eine Gelegenheit, allen, die zuhören – hier ist auch der Sprecher selbst gemeint –, den Willen Gottes deutlich zu machen.

Unser Rat sollte außerdem als Korrektur wirken. »Ermahnen« heißt, jemandem entgegentreten, um etwas richtigzustellen. Ein Mensch, der einer Sache vollkommen gleichgültig gegenübersteht, braucht keinen Rat. Der Ratsuchende sieht die Situation meistens nicht richtig, ist falsch informiert, ihm sind Fehlhandlungen unterlaufen, oder er hat sogar Sünden begangen. Wenn wir also einen vernünftigen Rat hinsichtlich des Willens Gottes geben wollen, so lehren wir nicht nur, sondern berichtigen und fordern zur Entscheidung heraus. Wenn wir in der Liebe wahrhaftig sein wollen (Epheser 4,15), müssen unsere Worte so sein, daß sie »zur notwendigen Erbauung« gut sind (Epheser 4,29). Wenn du die Briefe des Apostels Paulus – besonders den ersten und zweiten Korintherbrief – sorgfältig liest, wirst du ein Beispiel für auferbauendes Lehren und Ermahnen finden. In diesen Briefen gibt Paulus an Gottes Maßstäben ausgerichteten Rat – Rat, um den die Christen in Korinth in vorhergehenden Briefen gebeten hatten, und manchmal auch unerwünschten Rat. Er sagte ihnen, was sie wissen wollten. Das ist Belehrung. Er sagte ihnen auch, was sie wissen sollten – das ist Ermahnung.

Jeder Gläubige, der in einem Wachstums- und Reifeprozeß steht, kann anderen wichtige seelsorgliche Ratschläge geben. Da er befähigt ist, den Stand der Dinge richtig zu beurteilen und auch das passende Wort Gottes anzuwenden, kann er einem anderen, der Schwierigkeiten hat, eine Situation zu durchschauen und die Wahrheit zu erkennen, eine wertvolle Hilfe sein.

Galater 6,1 bezieht sich auf eine solche Erfahrung: »Brüder, wenn auch ein Mensch von einem Fehltritt übereilt würde, so helfet ihr, die ihr geistlich seid, einem solchen im

Geiste der Sanftmut wieder zurecht; und sieh dabei auf dich selbst, daß du nicht auch versucht werdest!« Wer »von einem Fehltritt übereilt wurde«, hat den Willen Gottes nicht beachtet. Wer hilft ihm? Die, die geistlich sind. Die, die das Wort Gottes kennen und es sich bei ihren eigenen Erfahrungen zunutze gemacht haben (Römer 12,2). Die, die durch Übung geschult sind und Gutes und Böses unterscheiden können (Hebräer 5,14). Die, die Christi Sinn haben (1. Korinther 2,16). Die, die den Balken aus ihrem eigenen Auge herausgezogen haben und nun fähig sind, den Splitter in ihres Bruders Auge klar zu sehen (Matthäus 7,1-5). Diese Christen vermögen einen Bruder oder eine Schwester in Christus seelsorglich so zu beraten, daß sie oder er »wiederhergestellt« oder so ausgerüstet wird, daß sie nach dem Willen Gottes zu handeln vermag. Und da sie eine geistliche Reife besitzen, die auf dem Amboß ihres eigenen Lebens entstand, werden sie den Rat in einem sanftmütigen und gütigen Geist geben. Sie kennen sich selbst zu gut, um nicht zu wissen, daß auch sie einmal versagen können. Seelsorglicher Rat sollte darum niemals schulterklopfend oder irgendwie überheblich gegeben werden. Er sollte stets am Wort Gottes ausgerichtet sein. Ein Mensch, der im Blick auf die Erkenntnis des Willens Gottes selbst ein Lernender ist, kann am besten in überzeugender demütiger Haltung seelsorglichen Rat erteilen.

Grenzen der Seelsorge

Es gibt keinen Menschen, der auf alle Fragen eine Antwort hätte. Wie »reif« dein Freund auch immer sein mag, er hat keinen unbegrenzten Einblick. Er ist parteiisch und nicht vorurteilsfrei. Er sieht alles aus seiner Perspektive und kann nicht umfassend informiert sein. Hüte dich darum vor der natürlichen Neigung, den Ratgeber zu vergöttern. Je mehr wir das tun, desto weniger können wir den seelsorglichen Rat, den wir erhalten, beurteilen. Bewerte einen Rat oder seelsorglichen Hinweis stets im Licht des Wortes Gottes. Bitte nicht einfach einen Freund um Rat, sondern frage ihn, was das Wort Gottes seiner Meinung nach zu deiner Entscheidung oder zu deinem Problem zu sagen hat. Gottes Wille ist im Wort Gottes enthalten. Du solltest den seelsorglichen Rat nur suchen, um festzustellen, was das Wort Gottes sagt, und nicht, um festzustellen, was ein Freund denkt.

Denke auch daran, daß die Verantwortung fü unsere Entscheidungen und Handlungen bei uns selbst liegt, selbst wenn andere uns Hilfestellung leisten. Erwarte nicht von anderen und erlaube es ihnen auch nicht, Entscheidungen für dich zu fällen. Wenn sie das tun, wirst du schwach und abhängig anstatt stark und unnachgiebig. Du versuchst, Gottes Wort für dein eigenes Leben zu entdecken. Du kannst dazu andere um Hilfe bitten, aber die Gegebenheiten mußt du selbst verarbeiten und mit dem Wort Gottes in Verbindung bringen. Und du selbst mußt eine Entscheidung verantwortlich treffen.

9

DAS GEWISSEN UND DER WILLE GOTTES

»Laß dich von deinem Gewissen leiten.« – »Er hat ein schlechtes Gewissen.« – »Mein Gewissen ist rein.« Mit solchen und ähnlichen Aussagen verweisen wir oft auf das Gewissen – den moralischen Filter des denkenden Menschen, wie es einmal genannt wurde. Was ist das Gewissen eigentlich? Ist es etwa ein Instrument, mit dem man den Willen Gottes erkennt und tut?

Das Wesen des Gewissens

Das Wort Gottes sagt uns, daß das menschliche Gewissen ein Aufrichtigkeitsmesser ist, daß es eine angeborene und unmittelbar wirkende Fähigkeit ist, zwischen Gut und Böse zu unterscheiden.

Eine Schlüsselstelle hierzu ist Römer 2,14-15: »Denn wenn die Heiden, die das Gesetz nicht haben, doch von Natur tun, was das Gesetz verlangt, so sind sie, die das Gesetz nicht haben, sich selbst ein Gesetz; da sie ja beweisen, daß des Gesetzes Werk in ihre Herzen geschrieben ist, was auch ihr Gewissen bezeugt, dazu ihre Überlegungen, welche sich untereinander verklagen oder entschuldigen.«

Dieser Abschnitt lehrt uns, daß Gottes moralisches Gesetz auf das Innere jedes menschlichen Wesens eingeprägt ist und daß wir aufgrund dessen instinktiv auf Gut und Böse reagieren. Es gibt keinen Menschen und keine Gesellschaft ohne moralische Wertmaßstäbe. Gott hat moralische Werte in jedes menschliche Wesen hineingelegt. Die oben erwähnten Verse sagen weiter, daß jeder Mensch ein Gewissen hat, das die Wirklichkeit des inneren Moralgesetzes bezeugt. Das Gewissen ist eine aktive, treibende Kraft im Menschen. Und schließlich sehen wir, daß ein Mensch mit einem wachen Gewissen verstandesmäßig erkennt, ob seine Haltung und Handlungen richtig oder falsch sind. Sein Verstand richtet ihn; er sagt ihm, ob er schuldig ist und deshalb verklagt werden muß, oder ob er unschuldig ist und sein Verhalten verteidigen kann. Dieser obige Abschnitt unterscheidet klar zwischen dem Verstand und dem Gewissen. Sie werden als zwei verschiedene Aufgabenbereiche betrachtet. Wir finden dieselbe Unterscheidung in Titus 1,15, wo steht, daß »ihr Sinn und ihr Gewissen« befleckt sind. Es ist die moralische Erkenntnis des Menschen, die seinem Verstand Zeugnis gibt. Die moralische Erkenntnis hat keine Willenskraft, sondern vermittelt Werte. Sie bildet Werturteile über unsere Haltung und über unsere Handlungen – über das, womit wir uns im Geist beschäftigen und was wir bereits ausgeführt haben. Sie ist unser Feingefühl für moralische Verantwortung und wirkt dahingehend, daß sie das Gute billigt und das Schlechte verdammt. Zweimal bezieht sich Paulus im Blick auf sein eigenes Leben darauf. In Römer 9,1 sagt er: »Ich sage die Wahrheit in Christus, ich lüge nicht, wie mir mein Gewissen bezeugt im Heiligen Geist.« Sein Gewissen bestätigt ihm, daß er die Wahrheit sagt. In 2. Korinther 1,12 erzählt er seinen Lesern, sein Gewissen bestärke ihn in der Auffassung, daß er in der Welt im allgemeinen und bei ihnen im besonderen »in Einfalt und göttlicher Lauterkeit« gelebt habe.

Das Gewissen kann man mit dem menschlichen Geschmackssinn vergleichen. Unsere Geschmacksnerven prüfen die Nahrung, die wir in den Mund nehmen, und geben die Information an das Gehirn weiter. Wenn die Nahrung süß ist, machen die Geschmacksnerven hierauf aufmerksam. Wenn sie bitter ist, signalisieren sie dies ebenfalls dem Gehirn. Und wenn die Nahrung ranzig ist, lassen sie uns auch das wissen. Dank unserer Geschmacksnerven können wir also alles, was in unseren Mund gelangt, bewerten und beurteilen.

Ein gutes, reines Gewissen

Wir können nun sehen, daß der Mensch, der dem Willen Gottes gehorsam ist, durch sein Gewissen bestärkt wird, während das Gewissen den Menschen verklagt, der dem Willen Gottes gegenüber ungehorsam ist. Das Neue Testament betont daher, wie wichtig es für den Gläubigen ist, vor den Menschen und vor Gott ein gutes, reines und unverletztes Gewissen zu haben.

Beachte die folgenden Verse: »Da sah Paulus den Hohen Rat fest an und sprach: Ihr Männer und Brüder, ich habe mit allem guten Gewissen Gott zu dienen gesucht bis auf diesen Tag« (Apostelgeschichte 23,1).

»Darum übe ich mich auch, allezeit ein unverletztes Gewissen zu haben gegenüber Gott und den Menschen« (Apostelgeschichte 24,16).

». . . und doch ist der Endzweck des Gebotes Liebe aus reinem Herzen und gutem Gewissen und ungeheucheltem Glauben« (1. Timotheus 1,5).

»Gleicherweise sollen auch die Diakonen . . . das Geheimnis in reinem Gewissen bewahren« (1. Timotheus 3,8-9).

»Ich danke Gott, welchem ich von den Voreltern her mit reinem Gewissen diene« (2. Timotheus 1,3).

Der Hebräerbrief lehrt deutlich: Weil der Christ den Herrn

Jesus als Heiland und Retter angenommen hat, ist sein Gewissen von aller Schuld und der Strafe für die Sünde gereinigt (Hebräer 9,9.14; 10,2.22). Von dieser Last wurde das Gewissen des Gläubigen befreit. Aber sein Gewissen ist weiterhin in Tätigkeit – als Wächter über seine Gedanken und Handlungen. Ein idealer Zustand wird von dem Gläubigen erreicht, wenn er dem Wort Gottes gehorcht und sein Gewissen ihn nicht straft. Positive Bestätigung ist überaus wichtig. Der König David wurde über längere Zeit hinweg von seinem Gewissen verklagt, weil er sich mit einer noch nicht bekannten Sünde herumschleppte. Er fühlte sich dabei sehr elend (Psalm 32,3-4). Als er Gott die Sünde bekannte, wurde ihm vergeben und die Last von ihm genommen (Psalm 32,1-2.5). Wenn wir mit einem befleckten Gewissen leben, beeinflußt das unseren ganzen Menschen negativ – Leib, Seele und Geist. Dies ist der Preis, den wir zahlen müssen, wenn wir nicht dem Willen Gottes gehorchen.

Wenn wir im Begriff sind, etwas Falsches zu tun, kann uns unser Gewissen warnen: »Laß die Finger davon!« Wenn wir nicht darauf hören, so überführt uns das Gewissen, indem es sagt: »Du hast etwas getan, was du nicht hättest tun sollen.« Das Gewissen hält uns nicht davor zurück, etwas Falsches zu tun; aber es verhindert, daß wir uns freuen, wenn wir es getan haben! Wenn wir eine gute Sache im Auge haben, wird das durch das Gewissen bestätigt; und wenn wir das Richtige getan haben, wird das Gewissen die Entscheidung gutheißen und schätzen. So kann also das Gewissen sehr eindeutig eine Hilfe sein, um den Willen Gottes zu erfahren und zu tun.

Die Fehlbarkeit des Gewissens

Das Gewissen eines Christen kann aber auch schwach sein. Die Ursache dafür ist unzureichende oder unrichtige Erkenntnis. 1. Korinther 8 macht das klar. Einige Gläubige hatten im Blick auf das Essen von Götzenopferfleisch Probleme. Ihre Erkenntnis war nicht richtig, weil sie Götzenopferfleisch als geistlich verunreinigt ansahen. Ihre Erkenntnis war außerdem ungenau, weil sie einem Götzen Macht zuschreiben, irgend etwas bewirken zu können. Nur Gott hat diese Macht. Ohne diese Erkenntnis war ihr Gewissen als schwach zu bezeichnen. Wenn sie Fleisch aßen, das Götzen geopfert worden war, war ihr Gewissen beunruhigt, und sie fühlten sich schuldig (1. Korinther 8,7). Aber diese Art von Schuld ist völlig überflüssig. Genaue Kenntnis des Wortes Gottes bildet das Gewissen in der rechten Weise und läßt es angemessen reagieren.

Viele Christen haben auf verschiedenen Gebieten ein schwaches Gewissen und sind dadurch im Blick auf den Willen Gottes verwirrt. Aber wenn der Sinn durch das Wort Gottes erneuert ist, kann auch das Gewissen richtig arbeiten. Wenn es nicht an biblischen Grundsätzen orientiert ist, kann es entweder zu streng oder zu nachlässig sein. Mit anderen Worten: Das menschliche Gewissen ist fehlbar und anpassungsfähig. Wenn es unangemessen und/oder sogar falsch beeinflußt wird, ist es schnell geneigt, falsch zu arbeiten. Nach 1. Korinther 8 ist es klar, daß der starke Gläubige, dessen Gewissen verständiger arbeitet, in Liebe darauf achten soll, nur das zu tun, was den schwachen Gläubigen erbaut. Es kann Zeiten geben, in denen der starke Gläubige kein den Götzen geopfertes Fleisch essen wird, um dem schwachen Gläubigen keinen Anstoß zu geben (1. Korinther 8,9-13). Hierbei aber sollte er es nicht bewenden lassen. Der Starke sollte den Schwachen so lehren, daß dieser an Reife zunimmt. Die Starken sollten für die Bedürfnisse der Schwachen aufgeschlossen sein.

Der nicht belehrte, unwissende Gläubige wird mit dem

Willen Gottes Schwierigkeiten haben. Wenn er freizügig erzogen worden ist, wird ihm sein Gewissen vieles erlauben, was in Wirklichkeit nicht mit Gottes Willen in Einklang zu bringen ist. Wenn seine Erziehung dagegen sehr streng war, wird ihm sein Gewissen vieles verbieten, was eigentlich dem Willen Gottes nicht widerspricht.

Wenn der Gläubige nicht auf sein Gewissen hört, verunreinigt er es – und fühlt sich schuldig. Wenn er aber schwach ist, arbeitet sein Gewissen nicht richtig – und er fühlt sich unnötigerweise schuldig. In dem Fall spricht man von psychologischer Schuld oder einem Schuldkomplex. Die Schuldgefühle basieren auf falschen Vorstellungen. Wenn wir uns schuldig fühlen, ohne wirklich schuldig zu sein, versäumen wir das Beste, was Gott für unser Leben bereithält.

Andererseits ist es natürlich auch möglich, daß wir die Stimme unseres Gewissens bewußt überhören, selbst wenn es uns zu Recht gemahnt hat. Das führt zu echter moralischer Schuld, die man bereuen und bekennen muß (2. Korinther 7,9-10; 1. Johannes 1,9). Wenn uns das Gewissen richtig leiten will, wir ihm aber beständig widerstreben, wird das Gewissen allmählich abgestumpft, das heißt gefühllos und unempfindlich. Menschen mit einem solchen Gewissen fallen leicht »verführerischen Geistern und Lehren der Dämonen« zum Opfer (1. Timotheus 4,1-3).

Zusammenfassung

Jeder Mensch hat ein Gewissen. Es reagiert auf Gut und Böse. Wenn der Gläubige in der Gnade und Erkenntnis des Herrn wächst, kann er immer besser erkennen, was gut und was nicht gut ist – wie der Wille Gottes für sein Leben aussieht. Sein Gewissen wird dadurch empfindsamer und kann ihm schließlich wirklich als Hilfe dienen, den Willen

Gottes zu erkennen. Obwohl wir unser Gewissen von den anderen Kräften in unserer Persönlichkeit unterscheiden, leben und wirken wir doch als Gesamtpersönlichkeit. Wir bestehen zwar aus vielen Komponenten, bilden aber eine Einheit. Das bedeutet, daß unser Gewissen mit unserem Verstand, unserem Gefühl und unserem Willen verbunden ist. Es ist die moralische Richtschnur für diese drei Bestandteile unserer Persönlichkeit. Wenn ich »fühle«, daß eine Handlung irgendwie falsch ist, war das Gewissen in Tätigkeit. Wenn ich »denke«, daß irgend etwas nicht gut für mich ist, hat mir das Gewissen diese Einsicht vermittelt.

All das weist auf die große Bedeutung der Familie hin. Die Eltern sind von Gott als Lehrer eingesetzt (Epheser 6,4). Wir befinden uns in der verantwortungsvollen Lage, fünfzehn bis zwanzig Jahre lang unsere Kinder lehren zu können, was richtig und was falsch ist. Wir bilden ihr Gewissen. Wir tun dies, weil wir wünschen, daß sie zu reifen, ordnungsliebenden Bürgern heranwachsen, die sich in jedem Lebensbereich zu bewähren wissen. Wir möchten, daß sie heranwachsen, um den Willen Gottes zu erkennen und zu tun. Wer in einer strengen, sich genau an den Buchstaben des Gesetzes haltenden Umgebung aufgewachsen ist, wird ein überempfindliches, übergenaues Gewissen haben.

Die Eltern sollten ihren Kindern die Wahrheit sagen, anstatt ihnen Vorurteile, Befangenheit im Urteil und menschliche Traditionen beizubringen. Wir machen es unseren Kindern oft schwer, den Willen Gottes zu erkennen und auszuführen, wenn wir ihnen entstellte Werte vermitteln wie zum Beispiel: Sex ist schmutzig, Spaß darf nicht sein, Annahme nur aufgrund von Gehorsam. Züchtigung ist in der Gesamtentwicklung des Gewissens besonders wichtig. Konsequent und liebevoll angewandt, kann sie ein wirkungsvoller Faktor in der Bildung und Erziehung des Gewissens sein.

Die örtlichen Gemeinden sollten ihre gottgegebene Verantwortung wahrnehmen und Erwachsene so ausrüsten, daß sie in ihrer Welt als reife Menschen, Partner und Eltern wirken können. Das bedeutet, daß ihr Gewissen am Wort Gottes orientiert sein muß, damit sie den Willen Gottes erkennen und ausführen und ihren Kindern diese Erkenntnis weitergeben können.

10

DIE MENSCHLICHE VERNUNFT UND DER WILLE GOTTES

Was für die menschliche Vernunft spricht

Ein sehr praktischer Grund spricht für den Verstand. Er baut auf zwei Voraussetzungen auf: Erstens: Menschen sind denkende Wesen. Zweitens: Sie leben in einer Welt, in der sich vieles vorhersehen läßt. Du weißt, daß du müde wirst, wenn du nicht genug schläfst. Wenn du mit Feuer spielst, kannst du dich verbrennen. Wenn du Gesetze mißachtest, bekommst du Schwierigkeiten. Wenn du zu anderen freundlich bist, fühlst du dich wohl. Wenn du eine Handlung öfter wiederholst, wird sie zur Gewohnheit. Alle oben dargestellten Folgen sind vorhersehbar, weil wir denkende Menschen sind.

Denkende Menschen entwickeln und benutzen etwas, was wir »Vernunft« oder »gesunden Menschenverstand« nennen. Wer keine Vernunft hat und/oder sie nicht benutzt, kann nicht denken und/oder seine Umgebung nicht erkennen. Ein kleines Kind besitzt beispielsweise nicht viel Vernunft, weil es noch nicht viel vom Leben gesehen hat. Ein älteres Kind sollte mehr und ein Erwachsener sehr viel Vernunft besitzen.

Die Vernunft hat nicht nur praktische Bedeutung, sondern ist auch biblisch fundiert. Wer hat unsere Sinne erschaffen? Wer hat uns die Fähigkeit zu denken, zu überlegen und zu erwägen gegeben? Gott. Wer hat die Welt so geschaffen, daß man Ursache und Wirkung erkennen kann? Gott. Und wer ist der Schöpfer der Vernunft? Gott. Da sollten wir doch annehmen, daß sich auch das Wort Gottes auf die Vernunft bezieht und uns ermuntert, sie zu benutzen. Und so ist es tatsächlich.

Der Begriff eines »nüchternen« oder »gesunden« Geistes, wie er in der Bibel vorkommt, unterstreicht die Realität der Vernunft. Beachte einmal den interessanten Wortwechsel, den Paulus mit König Agrippa und Festus hatte: »Als er aber zu seiner Verteidigung solches sagte, sprach Festus mit lauter Stimme: Paulus, du bist von Sinnen! Das viele Studieren bringt dich um den Verstand! Er aber sprach: Edelster Festus, ich bin nicht von Sinnen, sondern ich rede wahre und wohlüberlegte Worte!« (Apostelgeschichte 26,24-25).

Festus tadelte Paulus und sagte, daß er ihm ein unvernünftiges Evangelium anbiete. Paulus widersprach dem und sagte, daß er »wahre und wohlüberlegte Worte« rede. »Wohlüberlegt« ist eine Übersetzung des griechischen Wortes »sōphrosynē«, das »gesunder Geist«, »gesunder Menschenverstand« oder »Vernunft« bedeutet. Paulus sagt also: »Das Evangelium ist sowohl wahr als auch vernünftig.« Auch wenn es dem natürlichen menschlichen Verstand verschlossen bleibt (1. Korinther 2.14), so sind die Grundwahrheiten des Evangeliums doch vernünftig und logisch. Unsere Darstellung des Evangeliums sollte sinnvoll sein. Vielleicht nimmt ein Ungläubiger es nicht an, aber verstehen sollte er, was wir vortragen.

In Römer 12,3 wird der Christ angewiesen, nicht höher von sich zu denken, »als sich zu denken gebührt«, sondern ein gesundes Urteilsvermögen zu haben. Hierfür wird jeweils dasselbe griechische Verbum in der Nennform verwandt. Das Wort Gottes sagt uns, daß wir sinnvoll und vernünftig über uns urteilen sollen. Wir müssen uns vor Augen stellen, daß wir gerettet und befähigt sind, um Gott zu dienen. Erst dann sind wir in der Lage, das richtige, gottgemäße Bild von uns selbst zu entwickeln. Wenn ich zu gut oder zu gering von mir denke, bin ich nicht vernünftig, und wenn ich nicht vernünftig über mich urteilen kann, stimme ich auch nicht mit dem Willen Gottes überein.

In 1. Petrus 4,7 fordert Petrus die Gläubigen auf, angesichts des nahen Kommens Jesu Christi verständig und nüchtern zu leben. In 1. Timotheus 3,2 ist die Nüchternheit eine der Voraussetzungen für den Aufseher. In 2. Timotheus 1,7 heißt es, daß sich der Heilige Geist im Leben des Timotheus durch drei Merkmale auszeichne: Kraft, Liebe und Zucht. Paulus' Anweisung an Titus sind fast überladen mit Hinweisen auf die Vernunft. Alte Männer sollen »verständig sein« (Titus 2,2); die Anweisungen für junge Männer sind auf eine Aussage beschränkt: ». . . daß sie verständig seien« (Titus 2,6).

In Titus 2,11-12 heißt es, daß die Gnade Gottes jeden Gläubigen lehrt, das ungöttliche Wesen und die weltlichen Lüste zu verleugnen und in dieser Welt vernünftig, gerecht und gottselig zu leben. Die Gnade Gottes, der Geist Gottes, das Evangelium Gottes und göttliche Lehrer – sie alle sollen uns helfen, uns durch einen vernünftigen und gesunden Sinn auszuzeichnen. Vernunft ist biblisch. Der vom Geist Gottes geführte Gläubige sollte seinen Verstand benutzen.

Der Gebrauch des gesunden Menschenverstandes

Achte auf deine körperliche Gesundheit! Dein Leib ist der Tempel des Heiligen Geistes. Das Wort Gottes offenbart uns das in 1. Korinther 6,19. Aber die Bibel ist kein Lehrbuch für unser leibliches Wohl und die Vorbeugung und Heilung von Krankheiten. Die medizinische Forschung hat viel Wahres über den menschlichen Körper und seine Pflege entdeckt.

Dieses Wissen erhält der Christ durch seinen gesunden Menschenverstand, und er soll ihn doch benutzen. Die Bibel sagt uns nicht, wieviel Schlaf wir brauchen; aber sie ermahnt uns, keusch zu leben. Es ist vernünftig, jede Nacht sechs bis acht Stunden zu schlafen. Wenn wir uns nur vier oder fünf Stunden Schlaf gönnen, handeln wir gegen jede Vernunft und tun nicht den Willen Gottes. Wenn wir uns überessen, nehmen wir zu, und das Herz wird belastet – und das ist nicht vernünftig. Wenn wir unseren Körper nicht durch irgendwelches Training fit halten und infolgedessen unser Herz erschlafft, leben wir in den Tag hinein und benutzen nicht unsere gottgegebene Fähigkeit, die Dinge wirklich zu durchdenken. Um es ganz klar zu sagen: Wer sich nicht ständig Bewegung verschafft, befolgt nicht den Willen Gottes – es sei denn, daß körperliche Gründe für dieses Verhalten vorliegen. Es ist vernünftig, sich einmal im Jahr einer medizinischen Untersuchung zu unterziehen. Unvernünftig ist es dagegen, sich jeden Tag bis an den Rand der körperlichen und geistigen Erschöpfung zu treiben. Man sollte jeden Tag, jede Woche und jedes Jahr Ruhepausen und Entspannungszeiten einplanen. Wer Alkohol, Drogen und Tabakwaren zu sich nimmt, obwohl er weiß, daß man davon süchtig oder krank werden kann, handelt töricht.

Die Bibel macht viele Aussagen über das Geld, aber sie ist keinesfalls ein Leitfaden für finanzielle Angelegenheiten. Trotzdem sind wir nicht ohne Führung gelassen: Wir haben die gottgegebene Fähigkeit zu denken. Wenn wir in unserer Einstellung zum Geld und bei seiner Verwendung stets unseren gesunden Menschenverstand walten ließen, würden wir uns viele Probleme ersparen. Es ist sinnvoll, nicht mehr auszugeben, als man einnimmt. Wer bewußt und regelmäßig Ausgaben macht, die sein Einkommen übersteigen, handelt nicht nach dem Willen Gottes. Man sollte stets Geld für Notfälle bereithalten. Wer das nicht tut, folgt nicht dem Willen Gottes.

Es ist vernünftig, Qualitätswaren zu kaufen, die länger halten und einen besseren Dienst tun als billige Waren, die man bald ersetzen muß. Um es klar zu sagen: Ein Christ, der seine Zeit damit zubringt, Gelegenheitskäufen nachzujagen, handelt bestimmt nicht nach dem Willen Gottes.

Vor einigen Jahren sagte mir eine einsichtige christliche Möbelverkäuferin: »Fast alle meine christlichen Kunden kaufen nur das Billigste. Ich versuche, sie davon zu überzeugen, daß Möbel eine Anlage sind und sie doch gute Qualität kaufen sollten – wenn diese Möbelstücke auch mehr kosten. Sie könnten sie dann aber auch viele Jahre benutzen und sich daran erfreuen.«

Ein bekannter Christ sagte mir, daß er es nicht mehr verantworten könnte, mit dem Auto zu seinen Vorträgen zu fahren. Obwohl das Autofahren vielleicht billiger sei, beanspruche es mehr Zeit; außerdem käme er stets müde am Zielort an. Mit anderen Worten: Es sei vernünftig zu fliegen, und da es vernünftig sei, sei es auch nach Gottes Willen.

Bist du ein Student? Die Bibel sagt dir nicht, wie und wann du studieren sollst, aber sie sagt dir, du sollst deinen Kopf gebrauchen. Wenn du dies tust, wirst du deine Vorlesungs-Notizen am selben Tag wieder lesen. Auf Klausuren bereitest du dich tage- und wochenlang vorher vor und nicht erst am letzten Abend. Du wirst Fragen stellen, um deine Professoren kennenzulernen und sie wissen zu lassen, wenn du etwas nicht verstanden hast. Dies ist ein sinnvolles Verhalten, und wenn du nicht ständig so verfährst, handelst du nicht nach dem Willen Gottes.

In Ehe- und Familienangelegenheiten ist der gesunde Menschenverstand von großer Bedeutung. Ein schwieriges Problem anzuschneiden, wenn deine Frau müde ist, heißt soviel wie: Du gebrauchst deinen Kopf nicht. Es könnte das Rechte zur falschen Zeit sein und deshalb nicht dem Willen Gottes entsprechen. Wenn du deinen Kindern sagst, sie machten immer alles falsch, so ist das eine unvernünftige Pauschalaussage. Manchmal machen sie doch auch etwas richtig!

Das Wort Gottes gibt uns für viele Fragen entweder Richtlinien oder Grundsätze; aber auf vielen Gebieten sagt es uns nicht, was wir tun oder lassen sollen. Wie sollen wir dann vorgehen und den Willen Gottes tun? Ein grundlegender Rat: Benutze deinen Kopf! Tu das, was vernünftig ist! Normalerweise triffst du damit haargenau den Willen Gottes.

Die Grenzen des gesunden Menschenverstandes

Der gesunde Menschenverstand hat natürlich seine Grenzen. Wir kennen nicht immer alle Tatsachen und wissen auch nicht immer alle Antworten. Wir sind begrenzte Wesen mit begrenzten geistigen Fähigkeiten. Wenn wir uns auch bemühen, uns so vollständig wie möglich zu informieren, sind wir doch nicht allwissend. Wir müssen den gesunden Menschenverstand deshalb am Wort Gottes ausrichten.

Der gesunde Menschenverstand ist nicht unfehlbar. Der menschliche Verstand neigt dazu, sich zu irren. Wir können uns manchmal selbst einreden, schwarz sei weiß oder umgekehrt. Das einzig erlaubte Mittel zur Berichtigung und Führung ist das Wort Gottes. Es ist der Maßstab, mit dem wir unseren Verstand überwachen können.

Gottes Wille kann dem widersprechen, was uns vielleicht vernünftig erscheint. Obwohl mit der Fähigkeit des Denkens gesegnet, bleiben wir doch gefallene Kreaturen, die in ihrem Verstand begrenzt sind. »Meine Gedanken sind nicht eure Gedanken, und eure Wege sind nicht meine Wege«, sagt Gott

(Jesaja 55,8). Normalerweise führt Gott den Christen aber so, daß er das tut, was nach seinen Maßstäben vernünftig erscheint. Es gibt natürlich auch Ausnahmen.

Mein Schwager verbrachte sein erstes Jahr als Missionar in Borneo, wo er in einer so abgelegenen Gegend arbeitete, daß er dreißig Tage mit dem Boot und dann zu Fuß unterwegs war, bis er dorthin gelangte. Seine Frau und er machten diese Reise viele Male, um einen kleinen Stamm von Dyack-Kopfjägern zu betreuen, die nur mit großer Mühe und viel Zeitaufwand durch das Evangelium erreicht werden konnten. Viele Freunde meines Schwagers fanden diesen Aufwand unsinnig, aber er war der Überzeugung, nach dem Willen Gottes zu handeln.

Ich beriet einmal einen jungen Studenten, der an der Stanford Universität Jura studieren und sich dann nach einer gutbezahlten Stelle umsehen wollte. Er plante, in seiner Freizeit mit Young Life zusammenzuarbeiten und mit seinem guten Gehalt zwei vollzeitliche Mitarbeiter von Young Life zu unterhalten. Ich sagte: »Ich finde das sehr vernünftig.« Ihm ging es ebenso. Aber allmählich fühlte er sich gedrängt, die ganze Sache zu vergessen und statt dessen selbst ein Seminar zu besuchen und Prediger zu werden.

Gott ist nicht an das gebunden, was wir uns unter gesundem Menschenverstand vorstellen. Er tut das, was für uns oft ungewöhnlich ist, ebenso gern wie das, was uns charakteristisch erscheint. Der Gläubige muß seine geistige und geistliche Entwicklung also ständig am Wort Gottes prüfen. Gottes Führungen stehen nie im Widerspruch zu seinem Wort, wohl aber können sie im Widerspruch zu dem stehen, was wir als vernünftige Handlungsweise ansehen. Der Gläubige sollte sich der Bedeutung der menschlichen Vernunft für die Erkenntnis des Willens Gottes bewußt sein, gleichzeitig aber auch erkennen, daß die Vernunft nicht in allen Fällen ausreicht. Gottes Wort gibt hinlängliche Antwort auf die Fragen, die es selbst anschneidet. Sprüche 3,5 lehrt uns, daß wir uns nicht auf unseren Verstand verlassen sollen. Das heißt jedoch nicht, daß wir unseren Verstand nicht anwenden sollen, sondern daß wir ihm nicht zu sehr vertrauen sollen.

11

DER INNERE TRIEB UND DER WILLE GOTTES

Nicht nur der Verstand, sondern auch der menschliche Wille wirkt bei der Erkenntnis und Ausführung des Willens Gottes mit. Wir wollen uns zuerst einmal anschauen, wie wir leben, und dies dann mit der Art, wie Gott wirkt, in Verbindung bringen.

Wie wir leben

Während wir heranwachsen und immer mehr lernen, scheiden für uns viele Berufe, die wir ergreifen könnten, aus, und wir konzentrieren uns auf einige wenige. Wir beginnen, uns für eine bestimmte Laufbahn zu interessieren. Wir wünschen sehr, dieses bestimmte Gebiet in Angriff zu nehmen, es als Hauptfach zu studieren, darin zu wirken, Erfahrungen zu sammeln und dann eine entsprechende Stellung zu bekleiden. Ist dieser unser Wunsch ein Zeichen dafür, daß wir nach dem Willen Gottes diese bestimmte Laufbahn einschlagen?

Neben der Berufswahl bewegt uns außerdem die Wahl eines Partners. Wir sehen viele, treffen manche, verabreden uns mit einigen, entwickeln mit einer Handvoll engere freundschaftliche Beziehungen und schenken unsere Zeit und Aufmerksamkeit schließlich nur einer oder einem einzigen. Je mehr wir diese eine oder diesen einen kennenlernen, desto mehr wächst in uns das Verlangen, diesen Menschen als Lebenspartner zu gewinnen. Ist dieser starke Wunsch, diesen Menschen zu heiraten, ein Zeichen für den Willen Gottes?

Wie wirkt Gott

Könnte hier Gott in dem Gläubigen am Werk sein? Kann er in uns das Verlangen wecken, einen bestimmten Beruf zu ergreifen oder einen ganz bestimmten Menschen zu heiraten?

Philipper 2,12-13 ist eine lehrreiche Stelle in Gottes Wort, die diese Frage behandelt: »Darum, meine Geliebten, wie ihr allezeit gehorsam gewesen seid, nicht allein in meiner Gegenwart, sondern jetzt noch vielmehr in meiner Abwesenheit, vollendet eure Rettung mit Furcht und Zittern; denn Gott ist es, der in euch sowohl das Wollen als auch das Vollbringen wirkt, nach seinem Wohlgefallen.«

Vers 12 stellt die menschliche Seite des christlichen Lebens dar. Der Gläubige soll seine Rettung »vollenden«. Diese Ermahnung bezieht sich auf das gemeinsame geistliche Leben der Gemeinde in Philippi. Christen sollen diese Aufgabe ihrer Rettung in ihrer Haltung zueinander »vollenden«. Vers 13 gibt die Erklärung, wie dies vor sich geht. Die Kraft Gottes wirkt in den Gläubigen. Er arbeitet an ihnen, und sein Wirken wird mit zwei Worten beschrieben: Wollen und Vollbringen. Gott legt in die Seinen das Verlangen oder den Wunsch, seinen Willen zu tun, und er gibt ihnen auch die Energie oder die Kraft, seinen Willen wirklich zu vollbringen. Wenn ich die Neigung verspüre, etwas zu sagen, zu tun oder irgendwo hinzugehen, und wenn ich weiß, daß dieser Mensch im Einklang mit dem Wort Gottes steht, trifft Philipper 2,13 zu: Gott wirkt in mir diese Neigung. Der letzte Teil von Vers 13 zeigt uns, daß dieses gottgegebene Verlangen stets nach seinem Wohlgefallen – einer weiteren Bezeichnung für seinen Willen – ausgerichtet ist. So kann also meine Neigung, etwas Bestimmtes zu tun, sehr gut göttlichen Ursprungs sein. Gott ist am Werk und veranlaßt mich, in einer bestimmten Weise zu denken und zu handeln.

Dieser Dienst wird in dem Gläubigen von dem innewohnenden Heiligen Geist ausgeführt. Römer 8,14 sagt, daß es ein Hauptmerkmal für die Gotteskindschaft ist, wenn man sich vom Geist Gottes leiten lasse. Ein Beispiel dafür gibt uns die Begebenheit, als Philippus vom Heiligen Geist in die Wüste zu dem Kämmerer aus Äthiopien geführt wurde, um ihm das Evangelium zu bringen (Apostelgeschichte 8,29). Der Heilige Geist befahl Petrus, die drei von Cornelius gesandten Männer zu begleiten (Apostelgeschichte 10,19-20). Die Ältesten der Gemeinde zu Antiochien sandten Paulus und Barnabas auf ihre erste Missionsreise, da sie ein entsprechendes Wort des Heiligen Geistes empfangen hatten (Apostelgeschichte 13,2). Paulus und Silas mußten auf einer ihrer Missionsreisen einen Umweg machen, weil der Heilige Geist es ihnen so befohlen hatte (Apostelgeschichte 16,6). Etwas später erzählt Paulus den Ältesten der Gemeinde zu Ephesus, daß ihm der Geist, der ihn nach Jerusalem führe, bezeugt habe, »daß Bande und Trübsal meiner warten« (Apostelgeschichte 20,22-23). Offensichtlich sprach der Heilige Geist zu einigen der frühchristlichen Führer hörbar, um sie über den Willen Gottes zu belehren und sie zu führen; aber dies geschah noch vor der Vollendung des Neuen Testaments. Jetzt hat der Heilige Geist in der vollständigen, maßgebenden Offenbarung des Willens Gottes – dem Wort Gottes – ein Mittel, um uns zu führen. Unsere Motive und Wünsche dürfen niemals im Widerspruch zum Wort Gottes stehen und sollten stets daran gemessen werden.

Wir sehen also, daß uns Gott nicht einem neutralen Willen überläßt, der sich vom »Wind« unserer Gefühle und unseres Verstandes hin- und hertreiben läßt. Er wirkt so in uns, daß wir bestimmte Dinge wollen und sie ausführen.

Der unwiderstehliche Wunsch, Medizin, Jura oder Theologie zu studieren, kann sehr gut auf das Wirken Gottes in uns zurückzuführen sein. Auch das starke Verlangen, Karin oder Kurt zu heiraten oder auch ledig zu bleiben, kann durch Gott in einem Menschen gewirkt worden sein.

Richtlinien

Gott wird keine Wünsche in uns wirken, die im Widerspruch zu seinem Wort stehen. Wenn wir solche Wünsche haben, stammen sie nicht von Gott. Vielleicht hast du ein starkes Verlangen, Karl zu heiraten, aber er ist kein Christ. Da kannst du versichert sein, daß es nicht von Gott ist, der diesen Wunsch in dir wirkt, denn sein wohlgefälliger Wille ist es, daß du einen Gläubigen heiratest. Angenommen, ein an Jesus gläubiger junger Mann möchte gern ein Mädchen heiraten, das sich ebenfalls zu Jesus hält; aber sie liebt diesen jungen Mann nicht. So sollten beide lieber warten, bis entweder sie ihn lieben lernt oder er sie aus den Augen verliert! Gott kann nach beiden Richtungen hin wirken.

Normalerweise erweckt Gott in uns keine Wünsche, die der Vernunft widersprechen. Wenn du zum Beispiel einen Menschen heiraten willst, den du erst seit zwei Monaten kennst, so ist das unvernünftig. Man kann einen Menschen in einer so kurzen Zeit nicht so gut kennenlernen, daß man wirklich weiß, ob man mit ihm eine lebenslange Verbindung eingehen kann. Möchtest du deine Stelle aufgeben und selbst ein Geschäft eröffnen? Mit einem kleinen Kind, einem unbedeutenden Bankkonto und einer Menge Schulden ist das im Augenblick wohl sinnlos.

Auch drängt uns Gott normalerweise nicht zu irgend etwas, was den Umständen und dem Rat anderer Christen widerspricht. Vielleicht möchtest du Kunst oder Architektur studieren; aber wenn du nicht zeichnen oder entwerfen kannst und dir deine Freunde von diesem Studium abraten, so kommt dieser Wunsch sicher nicht von Gott.

Manchmal fühlen wir uns gedrängt, uns in Dinge einzulassen, die verkehrt sind. Unser Verlangen kann so stark sein, daß wir eine sorgfältige Prüfung der Lage unterlassen und dem Druck des Augenblicks erliegen. Hier ist sicherlich nicht Gott in uns am Werk. Es ist das Fleisch, das wider den Geist gelüstet (Galater 5,17). Es kann sein, daß wir einen Laden betreten und das heftige Verlangen verspüren, etwas zu kaufen, was wir gar nicht nötig haben. Oder wir setzen uns in ein Restaurant und können einem inneren Zwang nicht widerstehen, eine für uns zu üppige Mahlzeit zu bestellen. Wenn wir nicht viel Geld haben und nicht hungrig sind, so wird dieser Druck, den wir verspüren, nicht von Gott ausgeübt. Wir erhalten viele innere Impulse, uns so zu verhalten, daß es Gott mißfällt.

Wir neigen auch dazu, unseren Ehepartner für unser Versagen verantwortlich zu machen. Wir sind versucht, unsere Kinder miteinander zu vergleichen. Teenager sind geneigt, sich gegen ihre Eltern, die Schule und den Staat aufzulehnen. Manchmal drängt es uns, jemandem direkt ins Gesicht zu sagen, was wir von ihm halten. Das ist nicht Gottes Wirken in uns. Solche Handlungsweise ist egozentrisch und wird nicht im geringsten von Gott gewirkt. Das Wort Gottes ist der Maßstab, an dem wir alle unsere Wünsche und Neigungen überprüfen sollten. Stimmen sie mit dem Wort Gottes überein, könnten sie uns von Gott eingegeben sein. Darum ist es in jedem Fall unerläßlich, daß der Gläubige das Wort Gottes kennt.

12

ZUFRIEDENHEIT UND DER WILLE GOTTES

Wie Gott wirkt

Gott möchte nicht, daß die Christen verwirrt, verängstigt und enttäuscht umhergehen und krampfhaft seinen Willen zu erkennen versuchen. Er möchte vielmehr, daß sie vertrauensvoll und friedevoll nach seinem Willen wandeln. Neben einem inneren Verlangen sollte eine innere Zufriedenheit vorhanden sein – ein Gefühl und zugleich ein Überzeugtsein, daß gewisse Entscheidungen oder Handlungen richtig sind. Zweifel und Ungewißheiten sollten gar nicht aufkommen. Gottes Friede sollte uns erfüllen, so daß wir überzeugt sind, durch eine bestimmte Entscheidung genau das getroffen zu haben, was Gott von uns erwartet.

In Kolosser 3,15 fordert Paulus die Gläubigen auf: »Der Friede Christi herrsche in euren Herzen.« Das Wort »Friede« bedeutet Harmonie und innere Ruhe. Dieses Empfinden haben wir, wenn alles in guter Ordnung ist. Paulus mahnt uns, daß dieses Gefühl der inneren Ruhe in unserem Herzen »herrschen« soll. Das Wort für »herrschen« heißt im Urtext »entscheiden« und weist auf die Tätigkeit eines Schiedsrichters bei einem Sportwettkampf hin. Er fällt die Entscheidungen. Er schlichtet Streitigkeiten. Der Friede soll in unserem Leben tatsächlich die Rolle eines solchen Schiedsrichters spielen.

Die Worte aus Kolosser 3,15 richteten sich an eine Gruppe

von Gläubigen, die danach trachteten, miteinander in Harmonie und Einklang zu leben. Dies war Gottes Wille für sie. Paulus gibt ihnen in den Versen 12-14 bestimmte Anleitungen, wie sie dies erreichen könnten. Sie sollten gegeneinander barmherzig, freundlich, demütig, sanftmütig und geduldig sein. Er ermutigt sie zu lernen, wie man miteinander auskommt, wie man einander vergibt und wie man einander von Herzen liebt. In Vers 15 fordert er sie auf, den Frieden darüber entscheiden zu lassen, ob sie auch wirklich das tun, was sie tun sollten.

Er hätte folgendermaßen schreiben können: »Hast du diesem Bruder wirklich vergeben?«

»Ich denke schon.«

»Was für ein Gefühl hast du denn in dieser Sache?«

»Ich fühle mich nicht besonders wohl, das muß ich schon sagen.«

»Dann hast du keinen Frieden. Es ist besser, du gehst zu ihm und bereinigst die Sache. Dann wird dich ein Gefühl der Zufriedenheit erfüllen, und du wirst wissen, daß du den Willen Gottes getan hast.«

Wenn eine Gruppe von Gläubigen den Willen Gottes erkennen und ausführen soll, muß sie ihr Verhalten unter die Herrschaft des Friedens stellen. Was für die Persönlichkeit gilt, gilt auch für die zwischenmenschlichen Beziehungen. Das heißt: Auch zwischen einzelnen Gläubigen kann der Friede als gottgegebener Schiedsrichter wirken, der uns wissen läßt, daß unser Verhalten Gott wohlgefällig ist.

Gott hat uns gemacht – auch unsere Gefühle. Es ist darum sinnvoll, daß Handlungen, die im Einklang mit seinem Willen stehen, in uns positive Gefühle hervorrufen. Wer die Gottlosen und Sünder meidet und »seine Lust hat am Gesetz des Herrn« (Psalm 1,2), ist glücklich. Der Herr gab seinen Jüngern Gebote, die sie verstehen und halten sollten, damit ihre »Freude völlig« werde (Johannes 15,11). Wer in der Gegenwart Gottes lebt, dem wird in der Tat eine »Fülle von Freuden« verheißen (Psalm 16,11). Das Gefühl des Friedens und der Zufriedenheit soll uns helfen, uns in wichtigen Fragen nach dem Willen Gottes zu entscheiden.

Andere Möglichkeiten

Damit wir den Begriff der Zufriedenheit besser verstehen lernen, wollen wir einige der in der Heiligen Schrift angeführten anderen Möglichkeiten untersuchen. Die erste ist die Verwirrung oder Unordnung. In 1. Korinther 14,33 lesen wir: »Denn Gott ist nicht ein Gott der Unordnung, sondern des Friedens.« Die Korinther handelten in vielem, aber besonders in bezug auf die Ausübung der Geistesgaben, nicht nach dem Willen Gottes. Jede Gemeinschft, die nicht den Willen Gottes tut, ist durch Unordnung und Verwirrung gekennzeichnet. Jakobus benutzt dasselbe Wort, wenn er schreibt: »Denn wo Neid und Streitsucht regieren, da ist Unordnung und jedes böse Ding« (Jakobus 3,16). Eins ist sicher: Eifersucht und egoistisches Streben unter Gläubigen wird stets zu Unordnung führen; all das ist sogar ein klares Zeichen dafür, daß sich die Gemeinschaft nicht nach dem Willen Gottes verhält.

Was für eine Gemeinschaft gilt, gilt auch für den einzelnen. Wenn ich in bezug auf eine bestimmte Sache unsicher und verwirrt bin, anstatt im Frieden zu ruhen, dann ist dies ein deutliches Zeichen dafür, daß ich entweder den Willen Gottes in dieser Angelegenheit noch nicht erkannt oder einen Weg eingeschlagen habe, der nicht im Einklang mit dem Willen Gottes steht. Wenn zum Beispiel ein Ehemann seiner Familie nicht richtig vorstehen kann oder die Eltern den Kindern sehr viel durchgehen lassen, werden alle Beteiligten irgendwann einmal die dadurch entstandene Verwirrung und Unordnung zu spüren bekommen. Weil man sich nicht nach biblischen Grundsätzen ausrichtete, mußte es soweit kommen.

Wenn der Gläubige genau weiß, wie er nach dem Willen Gottes sein und was er tun sollte und sich trotzdem nicht beständig dementsprechend verhält, wird er innerlich hin- und hergerissen: Gottes Wille auf der einen und der eigene Wille auf der anderen Seite. Die Bibel bezeichnet solch einen Menschen als einen »Mann mit geteiltem Herzen« und charakterisiert ihn als »unbeständig in allen seinen Wegen« (Jakobus 1,8). Das griechische Wort für »unbeständig« benutzt Paulus auch in 1. Korinther 14,33 (Unordnung), und Jakobus greift es im 16. Vers seines dritten Kapitels auf. Das Neue Testament lehrt uns, daß wir eine Gruppe unbeständiger, verwirrter Gläubiger sind, wenn wir nicht den Willen Gottes tun; und jeder einzelne wird ebenso empfinden.

Auch bei Sorge kann es zu keinem inneren Frieden kommen. Philipper 4,6-7 befaßt sich damit: »Sorget um nichts; sondern in allem lasset durch Gebet und Flehen mit Danksagung eure Anliegen vor Gott kundwerden. Und der Friede Gottes, der allen Verstand übersteigt, wird eure Herzen und Sinne bewahren in Christus Jesus!«

Christen sollen nicht angespannt und verkrampft leben. Es ist nicht nach Gottes Willen, daß wir in Angst und Sorgen versinken. Wie werden wir mit unseren Sorgen fertig? Wir bringen sie Gott. Wir sagen ihm genau, was uns bedrückt. Wir erzählen ihm, was wir fühlen und warum wir so fühlen. All dies tun wir nach Gottes Willen mit Danksagung. Durch die positive Haltung des Dankens für eine schwierige Lage bringt uns Gott dazu, alle unsere negativen Empfindungen umzuwerten. Wenn wir unsere Sorgen ganz offen vor Gott ausbreiten, werden wir die Verheißung von Philipper 4,7 empfangen: den Frieden Gottes, der allen Verstand übersteigt. Wir sind dann frei von allen Sorgen und auch wieder fähig, den Willen Gottes zu erkennen. Ein mit Sorgen beladener Christ hat damit nämlich Schwierigkeiten. Der Friede, der notwendig ist, um auch noch andere Seiten des Willens Gottes zu überprüfen, fehlt ihm.

Diese Verse aus dem Philipperbrief unterstreichen auch die Bedeutung des Gebets für die Erkenntnis des Willens Gottes. Wenn ich mir Sorgen darüber mache, ob ich eine Stellung bei einer anderen Firma annehmen soll, sollte ich alle Einzelheiten, die mich in bezug auf diese Entscheidung in Sorge versetzen, offen und ehrlich mit Gott besprechen. Wenn ich das tue, wird Gott mir Frieden geben. Dieser Friede ist für mich der Hintergrund, auf dem ich erkennen kann, was Gott von mir erwartet.

Wir hören Gläubige oft sagen: »Ich habe in dieser Sache noch keinen Frieden.« Sie stehen mit dieser Aussage auf festem, biblischem Boden. Es ist richtig, keine Entscheidung zu fällen, ohne in der jeweiligen Lage Gottes Frieden zu spüren. Wir dürfen dieses Gefühl dann als ein gutes Zeichen dafür nehmen, daß wir nach Gottes Willen handeln.

Körperliche und seelische Not sind oft ebenfalls ein Hindernis für den Frieden. David konnte längere Zeit nicht den Frieden Gottes genießen, und zwar wegen einer Sünde, die er nicht bekannt hatte. In Psalm 32,3 gesteht er, wie elend er sich in dieser Zeit gefühlt habe: »Als ich es verschweigen wollte, verschmachteten meine Gebeine durch mein tägliches Heulen.« Eine nicht bekannte Sünde verursachte ein schmerzhaftes körperliches Leiden, das so quälend war, daß er klagte: »Denn deine Hand lag Tag und Nacht schwer auf mir.« Er befand sich ununterbrochen in einem depressiven Zustand und erkannte sogar, daß es die Hand Gottes war, die so schwer auf ihm lag. Wenn wir uns nicht offen und ehrlich

mit der Sünde in unserem Leben auseinandersetzen, leiden wir – körperlich und seelisch – dieselbe Not. Wenn wir uns jedoch der Sünde in unserem Leben stellen und sie bekennen, erfahren wir die Freude der Gemeinschaft mit Gott und anderen (1. Johannes 1,4). Wenn wir bekennen, erhalten wir Frieden – einen Frieden, der uns beweist, daß wir da stehen, wo Gott uns haben will.
Das heißt allerdings nicht, daß jedes Magengeschwür und alle Kopfschmerzen ein Zeichen dafür sind, daß wir nicht den Willen Gottes getan haben. Auch deuten nicht alle Gefühle von Niedergeschlagenheit auf Ungehorsam hin. Wenn wir jedoch körperlich oder seelisch in Not sind, sollten wir prüfen, wie wir zur in der Bibel geoffenbarten Wahrheit Gottes stehen. Der mangelnde Friede könnte ein Hinweis für uns sein, daß wir uns noch immer der Welt anpassen, anstatt uns von Jesus umformen zu lassen. Wenn ich nicht einschlafen kann oder sehr bald wieder aufwache und keinen Schlaf mehr finde, hat es sich für mich als nutzbringend erwiesen, in bezug auf das Verhältnis zu meinem Herrn oder zu wichtigen Personen in meinem Leben Bilanz zu ziehen. Es ist für mich sehr quälend, wenn ich nicht schlafen kann, und ich habe festgestellt, daß ich am besten schlafe, wenn ich Frieden habe.

Auch Zweifel läßt uns nicht zum Frieden kommen. Römer 14,22-23 sagt: »Selig, wer sich selbst nicht beschuldigt in dem, was er billigt; wer aber zweifelt und doch ißt, der ist verurteilt, weil es nicht aus Glauben geschieht. Alles aber, was nicht aus Glauben geschieht, ist Sünde.« Der Gläubige sollte von der Richtigkeit dessen, was er vorhat, fest überzeugt sein, insbesondere, wenn es sich um zweifelhafte Dinge handelt. Wenn ihn sein Gewissen verurteilt oder Zweifel in ihm aufsteigen, so sollte er auf der Hut sein, da dann sein Plan wahrscheinlich nicht Gottes Willen entspricht. Wenn wir tun, was Gott von uns wünscht, haben wir eine feste Gewißheit und genießen eine Zufriedenheit, die sich nicht selbst anklagt. Ein unbehagliches, unbeständiges, schwankendes Gefühl ist immer verdächtig. Wenn ich meinem Freund gegenüber spontan eine witzige Bemerkung mache und später darüber nachdenke, so sagen mir diese ungewissen Zweifel, daß das kein Humor war, sondern beißender Sarkasmus und daß die Worte nicht nach dem Willen Gottes waren. Wenn sich meine Familie eine Fernsehsendung anschaut, kommen mit manchmal Zweifel, ob es wohl gut sei, daß wir uns solchen Einflüssen aussetzen – Zweifel, die mich einfach auf den Willen Gottes aufmerksam machen.

Unordnung, Sorgen, körperliches Leid und Zweifel sind einige Hindernisse, die uns den Frieden Gottes nicht genießen lassen. Wenn wir unzufrieden sind, bedeutet das normalerweise, daß eines der obigen Hindernisse beseitigt werden muß. Dann brauchen wir Einsicht, die uns das Wort Gottes oder auch andere Gläubige vermitteln können.

Laufbahnen und Partner

In bezug auf unsere Berufswahl haben wir schon festgestellt, daß Gott das Verlangen in uns legen kann, eine bestimmte Laufbahn einzuschlagen. Aber neben diesem inneren Drang sollten wir unsere Zufriedenheit nicht außer acht lassen. Vielleicht mußt du bei dem Beruf, der dich interessiert, vornehmlich verkaufen und viel auf Reisen sein. Aber es fällt dir nicht nur schwer, ein Geschäft abzuschließen, sondern du bekommst schon Heimweh, wenn du nur an einer Feier am anderen Ende der Stadt teilnimmst. Diese Tatsachen könnten dir schon klarmachen, daß dieser Beruf nicht dem Willen Gottes für dich entspricht. Vielleicht interessierst du dich für die Konstruktion von Maschinen, und diese Tätigkeit bringt dir große Befriedigung; dies kann durchaus ein Hinweis auf den Willen Gottes sein. Aber vielleicht müßtest du dann in einer großen Firma arbeiten, wo du nie dein eigener Herr bist, und darunter würdest du leiden. In einer solchen Lage wärst du dann alles andere als zufrieden. Dies könnte gegen den Willen Gottes sprechen. Vielleicht hast du vor, Theologie zu studieren, um den Menschen das Evangelium zu bringen. Allein der Gedanke daran erweckt in dir ein Gefühl angespannter Erwartung und Erregung. Solche positiven Gefühle könnten ein klares Zeichen dafür sein, daß du dich nach dem Willen Gottes im christlichen Bereich betätigen sollst.

Bei der Wahl eines Lebenspartners spielen Gefühle eindeutig eine große Rolle. Wenn zwischen dir und dem Menschen, mit dem du befreundet bist, aber in entscheidenden Fragen wie zum Beispiel bei den Plänen für die Zukunft, in der Weltanschauung oder bei der Verwendung des Gehaltes große Meinungsverschiedenheiten bestehen, wirst du sicher berechtigte Zweifel in bezug auf die Dauer dieser Freundschaft haben.

Wo Zweifel sind, kann es keine innere Zufriedenheit geben, und wo es an der Zufriedenheit fehlt, ist der richtige Partner noch nicht gefunden. Vielleicht verliert dein jetziger Partner oft die Geduld, oder er sagt, er liebe dich, zeigt dies aber nur selten. Solch eine Beziehung solltest du nicht aufrechterhalten. Gott hält etwas Besseres für dich bereit. Aber wenn ihr euch liebt, gemeinsame Interessengebiete habt und euch gut unterhalten könnt, wenn jeder bereit ist, nachzugeben und kleine Unterschiede hinzunehmen, wenn ihr beide dem Herrn nachfolgt und dieselben Lebensziele habt, dann wirst du wahre Zufriedenheit und wahren Frieden erfahren. Dies ist eine positive, gefühlsmäßige Bestätigung durch den Heiligen Geist, daß diese Beziehung Gottes Willen entspricht.

Ein persönliches Beispiel

Zu Beginn des letzten Studienjahres auf dem College entstand und wuchs in mir eine Zuneigung zu einer hübschen jungen Dame mit dem Namen Audrey. Ich hatte das Verlangen und war auch glücklich bei dem Gedanken, sie um ihre Hand zu bitten. Ich tat es also, und da sie ebenso empfand wie ich, verlobten wir uns. Ich studierte damals Betriebswirtschaft, und obwohl ich mir über meine beruflichen Neigungen noch nicht viel Gedanken gemacht hatte, nahm ich doch an, daß ich in meiner Heimatstadt Tucson, Arizona, in das Geschäft meines Vaters eintreten würde. In jenem Jahr bemerkte ich zum erstenmal ein schwaches, aber doch merkliches Interesse daran, Prediger zu werden. Dies stand in so krassem Gegensatz zu allem, was ich bisher in Erwägung gezogen hatte, daß ich es nicht so wichtig nahm; aber trotzdem nahm dieses Interesse immer mehr zu. Schließlich rückte das Schlußexamen näher, und ich hatte den starken Wunsch, auf ein Seminar zu gehen, um Theologie zu studieren. Gleich nach dem Abschluß erhielt ich eine Nachricht von der Musterungskommission, die mich zum Militär einberief. Es sah so aus, als ob man meine Hilfe im Korea-Krieg brauchte, der damals in vollem Gange war.

Plötzlich trat mein Wunsch, Geistlicher zu werden, ganz in den Vordergrund. Wenn ich nämlich auf das Seminar ginge, würde ich nicht eingezogen werden. Ich prüfte jedoch meine Gefühle. Das Verlangen war groß, aber ich hatte keinen Frieden dabei. Ich machte mir klar, daß ich mich nur von dem Beweggrund leiten ließ, nicht eingezogen zu werden. Daher hatte ich keinen Frieden bei dieser Sache.

Ich ging schließlich zur Marine – um nicht zur Armee zu müssen – und verbrachte dort vier Jahre, in denen ich Gott die Möglichkeit gab, mir zu bestätigen, daß ich aufs Seminar gehen und mich für den Dienst am Wort vorbereiten sollte. 1951 trat ich mit unbestimmten beruflichen Plänen in die Marine ein. 1955 verließ ich sie in der tiefen Überzeugung, daß der Besuch des Seminars mein Weg sei. Ich habe diese Entscheidung niemals bereut. Für mich stand es fest, daß dies der Wille Gottes sei. Mein starkes Verlangen, Prediger zu werden, und der tiefe Seelenfrieden bei dieser Entscheidung haben mir bestätigt, daß diese Wahl richtig war.

Für Audrey und mich hatte unser gemeinsamer Wunsch und der innere Frieden bei dem Gedanken, einander zu heiraten, schon längst zur Ehe geführt. Wir heirateten zwei Wochen vor meinem Eintritt in die Marine. Auf diese Weise hatten wir vier Jahre lang Zeit, uns aufeinander einzustellen und unsere Bindung sich vor meinem Eintritt ins Seminar festigen zu lassen.

Ein Wort zur Vorsicht

Unsere Gefühle sind stark und manchmal unbeständig. Wir können bei vielen Dingen ein Gefühl der Zufriedenheit entwickeln. Unsere Gefühle können in unseren Gedanken einen Kurzschluß verursachen, und wir können uns selbst einreden, daß eine bestimmte Handlung genau das ist, was wir tun sollten. Wir brauchen also auch hier wieder einen Maßstab und eine Führung. Das Wort Gottes ist die Antwort. Ich muß meine Gefühle stets anhand des Wortes Gottes prüfen. Gott wird mir nie ein Gefühl der Zufriedenheit geben, wenn ich etwas tue, das im Widerspruch zu seinem Wort steht. Wenn ich aber in bezug auf ein Problem inneren Frieden habe, mich jedoch nicht im Einklang mit dem Wort Gottes befinde, dann darf ich gewiß sein, daß es sich nicht um den Frieden Gottes handelt.

13

WENN ICH DEN WILLEN GOTTES NICHT TUE

Gott hat bestimmte Wünsche und Pläne für das Leben eines jeden Gläubigen. Er möchte, daß wir diese kennen und ausführen. Wir haben bis jetzt davon gesprochen, wie wir die Wünsche Gottes erkennen können, um sie dann auszuführen. Wir haben das Positive betont in der Hoffnung, damit das Negative auszuschalten. Aber wir sind nun einmal unvollkommene menschliche Wesen und versagen ständig darin, Gottes Willen zu tun. Deswegen wollen wir uns auch kurz mit dem Negativen beschäftigen.

Angenommen, ein Gläubiger handelt dem Willen Gottes zuwider. Was passiert dann? Wie in allen Lebensbereichen muß er auch hier die Folgen tragen, wenn er gegen eine Vorschrift verstößt. Was sind die Folgen, wenn wir den Willen Gottes nicht tun?

Es kann angenehme Folgen haben

Wenn du dich der Sprache und Handlungsweise einer bestimmten Gruppe anpaßt, fühlst du dich normalerweise wohl und wirst respektiert; vielleicht wirst du sogar Leiter dieser Gruppe. Dies alles sind angenehme Folgen. Maria schreibt bei einer Prüfung ab und bekommt dadurch eine bessere Note – eine angenehme Folge. Thomas gehorchte seinen Eltern nicht. Er ging an Plätze, die ihm seine Eltern verboten hatten, und er blieb länger weg, als es ihm erlaubt war. Aber er hatte viel Spaß dabei – eine angenehme Folge. Sabine rühmt sich einer Tat, die sie in Wirklichkeit gar nicht vollbracht hat. Sie wird dafür gelobt – eine angenehme Folge. Du kaufst dir etwas, was du dir eigentlich nicht leisten kannst, und gehst munter erregt mit deiner neuen Errungenschaft nach Hause. Du ißt mehr, als du essen solltest; das ist nicht gut für deine Gesundheit, aber du fühlst dich jetzt so wunderbar rundherum satt. Du vernachlässigst deine Frau und deine Kinder, um mehr Geld zu verdienen und eine dickere Lohntüte mit nach Hause zu bringen – mehr Geld ist eine angenehme Folge.

Alle diese Beispiele unterstreichen die einfache Tatsache, daß du den Willen Gottes auch nicht beachten und trotzdem angenehme Folgen erzielen kannst. Sie mögen nur sehr kurzlebig sein, aber vielleicht auch lange anhalten. Die Einnahme von Drogen führt zum Beispiel zu einem steilen Höhepunkt. Man ist »high« mit nachfolgendem jähen Abstieg. Andererseits kann eine gestohlene Honda den neuen Besitzer über viele Monate und viele Kilometer weg eine angenehme Reise erleben lassen.

Sünde kann Spaß machen. Hebräer 11,25 weist auf die Tatsache hin. Mose wird als Mensch dargestellt, der »lieber mit dem Volke Gottes Ungemach leiden wollte, als die zeitliche Ergötzung der Sünde zu haben«. Die Freuden, auf die Mose verzichtete, sind in Hebräer 11,24.26 genannt. Er wollte nicht mehr »ein Sohn der Tochter des Pharao« heißen. Mit dieser Bezeichnung hätte er über »die Schätze Ägyptens« verfügen können. Eine gute Stellung und Geld sind zwei sehr begehrte Güter, die jedermann gern haben möchte. Sünde kann Spaß machen, laß dich hier nicht täuschen. Wenn es sich nicht so verhielte, wäre die Sünde kein so großes Problem für uns. Aber Satan ist ein Verführer (2. Thessalonicher 2,10) und Meister der Verstellung (2. Korinther 11,14). Er läßt das

Böse gut erscheinen. Das ist eine seiner Grundstrategien (vgl. Epheser 6,11). Du kannst also gegen den Willen Gottes handeln und das Leben trotzdem genießen; du kannst dabei glücklich und sorglos sein, und alle Dinge scheinen gut zu laufen.

Ich fragte einmal den Friseur, warum noch niemand ein Mittel gegen Glatzen erfunden habe. Seine Antwort war sehr einleuchtend. Er sagte: »Weil eine Glatze nicht weh tut. Wenn sie Schmerzen bereitete, würden wir uns sehr um ein Gegenmittel bemühen.«

Warum bedeutet es den Menschen so wenig, den Willen Gottes außer acht zu lassen? Vielleicht weil sie gerade dabei viel Spaß haben. Sie genießen ihr Vergnügen und brauchen keine Befreiung von irgendeinem Schmerz. So lassen wir uns also oft durch angenehme Gefühle und die angenehmen Folgen, die die Sünde mit sich bringen kann, täuschen.

Es wird unangenehme Folgen geben

Wenn wir den Willen Gottes nicht tun, kann das unter Umständen angenehme Folgen haben. Aber unangenehme Folgen werden auf alle Fälle nicht ausbleiben. Das Vergnügen der Sünde ist vergänglich, die Gerechtigkeit Gottes dagegen ewig. Er lohnt den Gehorsam und handelt nach dem Grundsatz des »wenn – dann«. Du kannst dies in 1. Könige 9,4-5 nachlesen: »Wenn du vor mir wandelst . . . mit rechtschaffenem Herzen und aufrichtig . . . so will ich den Thron deines Königtums über Israel auf ewig befestigen . . .« In den folgenden zwei Versen lesen wir die negativen Folgen des Abweichens vom Willen Gottes: »Werdet ihr euch aber von mir abwenden . . . so werde ich Israel ausrotten aus dem Lande, das ich ihnen gegeben habe . . .«

5. Mose 28 stellt denselben Grundsatz noch deutlicher dar:

Wenn du gehorchst, werde ich dich segnen (Verse 1-14). Wenn du nicht gehorchst, werde ich dich verfluchen (Verse 15-68).

Auch im vierten Buch Mose finden wir dieses Prinzip: »Wenn ihr aber nicht also tut, siehe, so habt ihr euch an dem Herrn versündigt und werdet erfahren, was für eine Strafe euch treffen wird!« (4. Mose 32,23).

Dieser Grundsatz, daß jeder die Folgen seiner Taten tragen muß, kommt auch im Neuen Testament klar zum Ausdruck: »Wer im Wort unterrichtet wird, der gebe dem, der ihn unterrichtet, Anteil an allen Gütern. Irret euch nicht; Gott läßt seiner nicht spotten! Denn was der Mensch sät, das wird er ernten. Denn wer auf sein Fleisch sät, wird vom Fleisch Verderben ernten; wer aber auf den Geist sät, wird vom Geist ewiges Leben ernten« (Galater 6,6-8).

In Vers 6 wird der Schüler ermahnt, seinem Lehrer in allen Dingen – geistlich und materiell – Gutes zu vergelten. Da es für den Gläubigen leicht ist, eine Maske aufzusetzen und so zu tun, als ob er dieser Ermahnung nachkäme, fügt Paulus in Vers 7 einen klaren, prägnanten Grundsatz ein: Die Menschen kannst du vielleicht täuschen, wenn du im Glauben nachlässig bist. Aber Gott sieht alles, und du wirst das ernten, was du gesät hast. Gott läßt sich nicht spotten. Gott zu spotten bedeutet wörtlich, vor Gott »die Nase rümpfen«. Das bleibt jedoch nicht ohne Folgen. Wenn ein Gläubiger geistliche Belehrung nicht schätzt und ihr sogar widerstrebt, so ist das wahrscheinlich beispielhaft für seine Haltung. Aber man kann Gott nicht überlisten. Vergeblich wird man auf eine Ernte warten, die man nicht gesät hat. Wer auf sein Fleisch – die Sünde – sät, wird vom Fleisch das Verderben – unangenehme Folgen – ernten (Vers 8). Dies ist ein göttlicher Grundsatz und eine Warnung. Wenn man Gottes Willen kennt und ihm trotzdem zuwiderhandelt, muß man die Folgen tragen.

Die Folgen werden als unangenehm bezeichnet, weil das Wort Gottes sie genau als solche charakterisiert: »Alle Züchtigung aber, wenn sie da ist, dünkt uns nicht zur Freude, sondern zur Traurigkeit zu dienen« (Hebräer 12,11). So wirkt Gott im Leben des Gläubigen. Der ungehorsame Gläubige wird nicht als verlorener Sünder bestraft, sondern als widerspenstiger Heiliger gezüchtigt. Sprüche 3,11-12, Johannes 15,2 und Offenbarung 3,19 beziehen sich alle auf dieses Wirken Gottes am Christen. Er läßt ihm unangenehme Dinge widerfahren, um ihn dadurch wieder auf den rechten Weg zu bringen. Wenn ein Gläubiger Gottes Willen mißachtet, wird er von Gott gezüchtigt, auch wenn ihm sein Ungehorsam am Anfang noch so viel Spaß gemacht hat. Dies wird ganz unweigerlich geschehen, denn der Herr liebt alle seine Kinder, und »welchen der Herr lieb hat, den züchtigt er« (Hebräer 12,6).

Verschiedene Arten von unangenehmen Folgen

Es gibt zunächst die natürlichen Auswirkungen unseres schlechten Verhaltens. Wenn wir nicht die richtige Nahrung zu uns nehmen oder uns nicht die nötige Ruhe und Bewegung gönnen, werden wir uns körperlich nicht wohlfühlen. Alkohol und Drogen können uns körperlich, geistig und seelisch beeinflussen, und zwar so sehr, daß wir süchtig werden. Wenn wir Dinge für uns behalten, die wir eigentlich anderen mitteilen sollten, und gleichzeitig alle Gedanken daran verdrängen, werden wir unter seelischen Problemen zu leiden haben. Wir leiden selten allein. Unsere Sünde hat Auswirkungen auf das Leben anderer. Verlorene Arbeitsplätze, zerstörte Familien, unterbrochene menschliche Beziehungen, Autounfälle und manche andere Mißgeschicke lassen andere mit uns leiden. In Gottes Welt herrscht das Gesetz von

Ursache und Wirkung – es gibt natürliche Folgen, die unweigerlich eintreten werden. Wenn wir die natürlichen Gesetze übertreten oder versuchen, sie insgeheim zu umgehen, dann müssen wir auch die Folgen tragen. Das Wort Gottes sagt uns nicht viel über die natürlichen Auswirkungen von schlechtem Verhalten; aber es macht klar, wie schlechtes Verhalten aussieht. Die Erfahrung belehrt uns über die Auswirkungen, und Gott erwartet von uns, daß wir unseren Verstand gebrauchen und auch wirklich aus der Erfahrung lernen.

Es gibt Schuldgefühle, die uns belasten. Manchmal jedoch sind diese Gefühle völlig überflüssig. Wenn sie durch eine unbiblische Gesetzlichkeit oder durch Unkenntnis unserer wahren Stellung in Jesus Christus hervorgerufen werden, kämpfen wir mit einem imaginären Feind. Wir sind ja mit der Gerechtigkeit Jesu Christi bekleidet. Wenn sich der Gläubige aber bewußt einer Wahrheit widersetzt, die er doch verstanden hatte, dann wird er sich zu Recht elend fühlen, wie Jakobus sagt: »Fühlet euer Elend, trauert und heulet! Euer Lachen verkehre sich in Trauer und eure Freude in Niedergeschlagenheit« (Jakobus 4,9). Dies ist das »Gott gemäße Trauern«, das zur Buße führt. Paulus spricht davon in 2. Korinther 7,9-10.

Wir haben aus der Erfahrung Davids in Psalm 32 gelernt, daß Schuldgefühle äußerst quälend sein können. Das amerikanische Finanzamt kann diese Tatsache bestätigen. Dort gehen jedes Jahr Tausende von Dollars von Leuten ein, die eine falsche Steuererklärung abgegeben haben und mit dem Gedanken an diese Schuld nicht länger leben können.

Der Heilige Geist verwendet das Wort Gottes, wenn er einem Christen bewußt machen will, daß etwas in seinem Leben nicht stimmt. Aus Epheser 6,17 geht hervor, daß das Wort Gottes das Schwert des Heiligen Geistes ist, und 2.

Timotheus 3,16 informiert uns darüber, daß das Wort Gottes sowohl zur Überführung als auch zur Zurechtweisung dient. Wenn wir also das Wort Gottes in irgendeiner Weise mißachtet haben, macht Gott uns darauf aufmerksam. Schuldgefühle sind dann die Folge. Wir können diese Schuldgefühle nur loswerden, wenn wir unsere Schuld vor Gott und Menschen bekennen.

Es gibt das unmittelbare Einschreiten Gottes, um uns zu züchtigen. Darüber hören wir Genaueres in 1. Korinther 11,27-32. In Vers 28 wird jeder Gläubige ermahnt, sein Leben selbst vor Gott zu prüfen. Das griechische Wort für »prüfen« ist dasselbe, das wir in Römer 12,2 finden: ». . . um prüfen zu können, was der Wille Gottes sei.« Hier handelt es sich um eine gesunde »Bestandsaufnahme« dessen, der am Abendmahl teilnehmen will. Die Verse 29-32 in 1. Korinther 11 belehren uns: Wenn wir es unterlassen, uns zu prüfen und, wenn nötig, selbst zu richten, wird Gott dies für uns übernehmen. Dann wird er uns erforschen und züchtigen, wenn es sein muß. In Vers 30 können wir eine Form der Züchtigung erkennen: »Deshalb sind unter euch viele Schwache und Kranke, und eine beträchtliche Zahl sind entschlafen.« Gott hatte diese Gruppe sündiger, verstockter Gläubiger körperlich gezüchtigt, weil sie sich beständig seinem Willen widersetzten.

Ananias und Saphira versuchten, die leitenden Brüder in der Gemeinde zu Jerusalem in bezug auf ihre Geldmittel zu täuschen, und Gott brachte unverzüglich das Gericht des Todes über sie (Apostelgeschichte 5,1-11). Offensichtlich brauchten die frühchristlichen Gemeinden solche drastischen Säuberungsmaßnahmen, wie sie in Jerusalem und Korinth geschahen, um das Wesen der Heiligkeit und Gerechtigkeit Gottes sowie die Notwendigkeit persönlicher Reinheit im Leben des Gläubigen begreifen zu lernen. Obwohl es manchmal den Anschein hat, als ob Gott heute nicht mehr so plötzlich und drastisch in das Leben des Gläubigen eingreife, lenkt Gott doch unser ganzes Leben und alle Umstände (Prediger 7,13-14; Römer 8,28). Diese Umstände können von Gott dazu benutzt werden, uns zu züchtigen; sie sind meistens sehr schmerzlich (Hebräer 12,5-11). Der feinfühlige Gläubige sollte diese unangenehmen, schwer zu ertragenden Lebensumstände genau untersuchen, um zu erfahren, ob und wie Gottes züchtigende Hand am Werk ist, die ihn dazu bringen möchte, den Willen Gottes zu erkennen und zu tun.

Eine weitere unangenehme Folge der Sünde ist die Zurechtweisung durch andere Gläubige. Dieser Vorgang wird in Matthäus 18,15-17 klar herausgestellt: »Wenn aber dein Bruder an dir gesündigt hat, so gehe hin und weise ihn zurecht unter vier Augen. Hört er auf dich, so hast du deinen Bruder gewonnen. Hört er aber nicht, so nimm noch einen oder zwei mit dir, damit jede Sache auf der Aussage von zwei oder drei Zeugen beruhe. Hört er aber diese nicht, so sage es der Gemeinde. Hört er aber auch die Gemeinde nicht, so gelte er dir wie ein Heide oder Zöllner.«

Beachte, daß es sich hier um einen Bruder handelt, der gesündigt hat. Man muß sich nötigenfalls mehrfach mit ihm befassen. Zuerst soll er von dem Bruder, an dem er gesündigt hat, zurechtgewiesen werden (Vers 15). Bleibt das ohne Erfolg, so sollen zwei oder drei Gläubige ihn ermahnen (Vers 16). Wenn auch das nichts nützt, soll die Angelegenheit vor die ganze Gemeinde gebracht werden. Sollte er weiterhin verstockt bleiben, muß er aus der Gemeinde ausgeschlossen werden (Vers 17).

Dieser ganze Vorgang kann für den in Sünde verstrickten Bruder und auch für alle Beteiligten äußerst unangenehm sein; aber das ist eben die Art, in der Gott mit seinen ungehorsamen Kindern umgeht. 1. Korinther 5, 2. Korinther 2,

2. Thessalonicher 3,14-15 und Titus 3,10 sind weitere Stellen, die die Gemeindezucht betreffen. In Gemeinden, wo diese Grundsätze konsequent angewandt werden, wissen die Gläubigen genau, wie wichtig es ist, nach dem Willen Gottes zu leben. Dort, wo diese Zucht nur hin und wieder bei wirklich groben Verstößen angewandt wird, lassen sich die Gläubigen leicht gehen und geben sich mit einem mittelmäßigen Christenleben zufrieden.

Um den Vorgang der Gemeindezucht besser zu verstehen, sollte man sich eingehend mit dem wichtigen biblischen Wort »Ermahnung« befassen. Das griechische Wort bedeutet eigentlich »auf jemand einen korrigierenden Einfluß ausüben«. Für Paulus war dies ein so wichtiger Teil seines Dienstes, daß er das Ermahnen und Lehren als das Wichtigste bezeichnete, wenn es darum ging, einen Gläubigen geistlich zu fördern (Kolosser 1,28). In Kolosser 3,16 schreibt Paulus: »Lehret und ermahnet euch selbst . . .« Es ist sehr lehrreich, dieses Wort in anderen Zusammhängen wiederzufinden, beispielsweise in Apostelgeschichte 20,31, Römer 15,14, 1. Korinther 4,14 und 1. Thessalonicher 5,12.

Wir möchten gern einen Weg finden, wie wir wachsen können, ohne dabei unangenehme Erfahrungen machen zu müssen. Aber das geht nicht. Jeder Reifeprozeß schließt Angenehmes und Schmerzliches ein. Gläubige helfen einander bei diesem Wachstum, indem sie sich gegenseitig korrigieren. Dies ist nicht immer angenehm, aber nutzbringend. Oft verschweigen wir unseren Freunden die Wahrheit über sie selbst und über den Willen Gottes, weil wir fälschlicherweise glauben, es sei wichtiger, sich gut zu *fühlen* als gut zu *sein*. Um uns in seiner Nachfolge zu erhalten, hat Gott andere Gläubige bevollmächtigt, uns darauf hinzuweisen, wenn wir im Begriff sind, auszuscheren oder abzugleiten.

Wie reagieren wir auf unangenehme Folgen?

Wie sollten wir als Christen auf unangenehme Dinge reagieren, die durch unseren Ungehorsam gegenüber dem Willen Gottes entstanden sind? Wir sollten den Tatsachen ins Auge sehen! Wir sollten uns offen und ehrlich der Frage stellen, wie es mit unserem persönlichen Leben aussieht. Wenn wir Gott ungehorsam gewesen sind, müssen wir das einsehen und bekennen. Wenn uns Gott durch Züchtigung überführen will, sollten wir in der gesunden, biblischen Art reagieren, das heißt, wir sollen »zur Buße betrübt« sein (vgl. 2. Korinther 7,9-10). Dies ist eine »Buße zum Heil, die man nie zu bereuen hat«. Dieser »Gott gemäßen Trauer« geht das Selbstgericht voraus, von dem in 1. Korinther 11,28 die Rede ist. Das Selbstgericht muß dann dazu führen, daß wir unsere Schuld vor Gott und den von uns geschädigten Menschen bekennen (Jakobus 5,16; 1. Johannes 1,9).

Fast ein Jahr lang lastete auf David schwere Schuld: Er hatte Ehebruch und Mord begangen und so den Willen Gottes auf grobe Weise verletzt. Körperliche, seelische und geistliche Not waren die Folge (Psalm 32,3-4). Schließlich konnte er nicht mehr ausweichen und bekannte Gott offen und ehrlich seine Schuld (Psalm 32,5; 51,3-5). Da erfuhr er die Glückseligkeit eines Menschen, »in dessen Geist keine Falschheit ist« (Psalm 32,2). Er erlebte die Freude der Vergebung, die uns geschenkt wird, wenn wir mit Gottes Beurteilung unseres Lebens von ganzem Herzen übereinstimmen. Schwierige Umstände sollten uns näher zu Gott treiben und nicht in die Verzweiflung. Es geht also nicht darum, ob wir unangenehme Folgen zu tragen haben – das wird zweifellos immer wieder der Fall sein –, sondern darum, wie wir damit fertig werden.

Ergebnisse

Unangenehme Umstände sollen etwas in unserem Leben bewirken. Wie die Züchtigung durch Menschen, so soll uns auch die göttliche Zucht reifen lassen. Hebräer 12,10 sagt, daß uns Gott züchtigt zu unserem Besten, damit wir seiner Heiligkeit teilhaftig werden. In Vers 11 fährt der Schreiber fort: »Hernach aber gibt sie [die Züchtigung] eine friedsame Frucht der Gerechtigkeit denen, die dadurch geübt sind.« Wenn wir auf Gottes Züchtigung angemessen reagieren, werden wir wachsen.

In 2. Korinther 7,11 zählt Paulus die positiven Wirkungen auf, die jenes »Gott gemäße Trauern« im Leben der Christen zu Korinth hervorgebracht hatte, nämlich unter anderem »Verantwortung«, »Verlangen« und »Eifer«. Die Buße führte in ihrem Leben zu einer gesunden Veränderung ihres Verhaltens. Das ist das Ausleben der Heiligung und führt zu der von Gott geforderten Heiligkeit.

Gott möchte, daß wir seinen Willen tun. Er hat ihn uns in seinem Wort geoffenbart. Wenn wir seinem Willen nicht gehorchen, werden wir die Folgen tragen müssen. Sie können uns zwar eine Zeitlang recht angenehm erscheinen, werden aber schließlich das Unangenehme mit einschließen. Gott will, daß uns das Unangenehme wachrüttelt, uns überführt, uns lehrt und ermahnt. Wir sollen uns wieder an das erinnern, was wir ja bereits wußten, oder auch das lernen, was uns noch unbekannt war, was wir aber wissen sollten. Wenn wir uns aber verstocken oder gleichgültig reagieren, verpassen wir eine kostbare Gelegenheit, in der Erkenntnis des Willens Gottes zu wachsen.

14

FRAGEN ÜBER DEN WILLEN GOTTES

Ein Christ heiratet einen Ungläubigen, obwohl er 2. Korinther 6,14-18 kennt. Befindet er sich in diesem Punkt für den Rest seines Ehelebens unter dem Zorn Gottes?

Nein, sondern nur, solange er nicht Buße tut. Sobald er über seine Fehlentscheidung göttliche Trauer empfindet (2. Korinther 7,9-11; Jakobus 4,8-10) und seine Sünde vor Gott und den direkt betroffenen Personen bekennt (Jakobus 5,16; 1. Johannes 1,9), wird er die Freude der Vergebung und der Gemeinschaft erfahren. Von nun an kann er so weiterleben, wie Gott es für eine Mischehe vorgesehen hat, nämlich in der Bemühung, seinen Partner zu Jesus Christus zu führen (1. Korinther 7,12-16; 1. Petrus 3,1-2).

Kann ich den Willen Gottes tun, ohne es zu wissen?

Ja. Wir können bestimmte Dinge sagen und tun, die mit dem Wort Gottes übereinstimmen, ohne uns dabei bewußt zu sein, daß wir das Wort Gottes ausleben. Aber Gottes Maßstäbe für unser Leben sehen anders aus. Er will, daß wir mit der Erkenntnis seines Willens erfüllt sind (Kolosser 1,9) und auch die kleinsten Dinge zu seiner Ehre tun (1. Korinther 10,31).

Können uns bestimmte Bereiche des Willens Gottes so vertraut werden, daß wir ohne Überlegung richtig handeln?

Gewiß. Gott hat uns als Gewohnheitswesen erschaffen;

und wir können uns so trainieren und schulen, daß wir uns in bestimmten Dingen, die mit dem Willen Gottes in Einklang stehen, stets richtig verhalten. Dazu zählen zum Beispiel höfliches Verhalten, Gesundheits- und Sauberkeitsmaßnahmen, Reaktionen auf starke körperliche und seelische Belastungen und so weiter. Das Problem der ständigen Wiederholung einer Handlung liegt jedoch darin, daß sie nach außen hin den Eindruck einer heiligen Gewohnheit erweckt, im Innern jedoch sehr leicht nur ein starres Ritual ist, das der Herr als heuchlerisch verdammt (Matthäus 15,1-9; 23,1-33). Der Wille Gottes muß von ganzem Herzen getan werden (Epheser 6,6), das heißt, es sollte der Gedanke dahinterstehen: Ich will Gott dienen und ihm gefallen und nicht den Menschen. Der Christ sollte seine Gewohnheiten – wie Besuch des Gottesdienstes und Tischgebet – unter dem Gesichtpunkt prüfen: Tue ich dies bewußt zur Verherrlichung Gottes?

Dazu sollte noch etwas anderes gesagt werden. Es ist zwar wahr, daß wir Gewohnheitsmenschen sind, aber wir müssen immer bedenken, daß wir von Natur Sünder sind. Unser Herz ist »überaus trügerisch« und »bösartig« (Jeremia 17,9); es bringt viel Unreines hervor (Matthäus 15,19-20) und ist jeder Art von Versuchung ausgesetzt (1. Korinther 10,13). Auch wenn wir gute Gewohnheiten entwickeln, mit denen wir Gott ehren wollen, müssen wir wachsam bleiben. »Darum, wer sich dünkt, er stehe, der sehe wohl zu, daß er nicht falle!« (1. Korinther 10,12).

Ist es der Wille Gottes, daß ich einen bestimmten Menschen heirate?

Ja und nein. Ja, was den Ratschluß Gottes betrifft. Wenn du heiratest, *wirst* du den Menschen heiraten, den Gott in seiner Allwissenheit für dich bestimmt hat.

Nein lautet die Antwort in bezug auf den Wunsch Gottes.

Sein Wunsch besteht darin, daß du einen Gläubigen heiratest, mit dem du eine Beziehung aufbauen kannst, die mit allem, was das Wort Gottes über Ehe und Familie sagt, in Einklang steht. Es ist durchaus möglich, daß dies irgendein Mensch aus einer bestimmten Gruppe von Männern oder Frauen ist. Wie auf anderen Gebieten, so ist es auch hier deine Verantwortung, zu »verstehen, was des Herrn Wille sei« (Epheser 5,17). Dies geschieht, indem du Beziehungen zum anderen Geschlecht anknüpfst und nach dem Menschen Ausschau hältst, mit dem du die biblischen Grundsätze der Partner- und Elternschaft am besten verwirklichen und die Verantwortung tragen kannst.

Werden wir jemals die geistliche Reife erlangen, daß unser Wille mit dem Willen Gottes übereinstimmt?

In diesem Leben nicht. Das würde Vollkommenheit bedeuten; aber die erreichen wir erst im Himmel. Aber wir können doch so weit wachsen, daß unsere Sinne »durch Übung geschult sind zur Unterscheidung des Guten und des Bösen« (Hebräer 5,14). Dies ist ein Zeichen von Reife. Paradoxerweise sagt die Bibel, daß wir diese Reife erlangen können, aber trotzdem stets noch danach streben sollen. Paulus bezeichnet einige der Christen in Philippi als bereits vollkommen (Philipper 3,15), aber im selben Zusammenhang spricht er davon, daß er selbst ständig dieser Vollkommenheit nachjage (Philipper 3,12-13).

Können Gläubige Gott ungehorsam sein und es nicht einmal wissen?

Ja, aber die Tatsache, daß sie es nicht wissen, bedeutet nur, daß sie aus Unkenntnis und nicht willentlich sündigen. »Wer nun weiß Gutes zu tun und es nicht tut, dem ist es Sünde« (Jakobus 4,17). Wenn mein Verhalten nicht dem entspricht, was ich über Gottes Willen weiß, sündige ich. Wenn ich sündige und es nicht weiß, so sündige ich zwar nicht bewußt; ich kann aber trotzdem die Folgen dieser sündigen Handlung zu spüren bekommen. Ein christliches Ehepaar weiß vielleicht nichts von seiner biblischen Verantwortung, seine Kinder »in der Zucht und Ermahnung des Herrn« aufzuziehen. Wenn sie es also an der nötigen Zucht fehlen lassen, begehen sie zwar keine bewußte Sünde. Aber trotzdem werden sie und ihre Kinder die Folgen dieser Unterlassungssünde tragen müssen.

Andererseits ist es aber so, daß die Unkenntnis des Willens Gottes an sich schon Sünde sein kann, denn der Gläubige sollte einen unstillbaren Hunger nach dem Wort Gottes haben und es genau studieren, um geistlich zu wachsen (1. Petrus 2,2). Wenn er die Gelegenheit dazu hat, sie aber nicht nutzt, ist er einfach ungehorsam.

Ist Gemeinschaft mit Gott haben dasselbe, wie Gottes Willen tun?

Ja. Dies sind zwei verschiedene Betrachtungsweisen ein und derselben Sache. Ein Gläubiger, der mit Gott in Gemeinschaft lebt, wird seine Gebote halten, und ein Gläubiger, der seine Gebote hält, hat automatisch mit ihm Gemeinschaft (Johannes 15,1-14; 1. Johannes 1,3.6-7; 2,3-6). Das Leben als Christ wird in der Bibel in verschiedener Weise beschrieben: im Geiste wandeln, in Christus bleiben, den alten Menschen ablegen, den neuen Menschen anziehen, auferbaut werden, mit dem Heiligen Geist erfüllt sein, die Gebote halten, im Licht wandeln und so weiter. Dies sind alles verschiedene Seiten derselben grundlegenden Wahrheit. Jede betont ein besonderes Merkmal des Wachstums und der Reife des Christen.

Ist es möglich, daß ich in einem bestimmten Bereich meines Lebens Gott ungehorsam bin, während ich in einem anderen seinen Willen tue?

Sicher. Es ist durchaus vorstellbar, daß du dem Bankbeamten Zeugnis von Jesus Christus gibst, aber gleichzeitig einen gefälschten Scheck einlöst. Der Wille Gottes bezieht sich auf die Einzelheiten unseres Lebens, und wir können uns ihm in bezug auf eine Einzelheit widersetzen, während wir seinem Willen in bezug auf eine andere Einzelheit entsprechen.

Als Professor an einem Seminar kann ich bei der Vorbereitung und Darlegung des Stoffes in einer bestimmten Klasse Gottes Willen tun, aber mein Verhältnis zu einem bestimmten Schüler in dieser Klasse kann gleichzeitig Gottes Wunsch widersprechen. Wir können uns Arbeitskollegen gegenüber häßlich benehmen, während wir gleichzeitig Kunden mit Auszeichnung behandeln. Ein Prediger kann das Wort Gottes treu studieren und verkündigen, während er sich gleichzeitig zu Hause unbiblisch verhält. Gottes Wort gibt genaue Anweisungen; dementsprechend ist auch der Wille Gottes genau festgelegt. Kolosser 3,8-9 fordert uns auf, Zorn, Grimm, Bosheit, Lästerung, häßliche Redensarten und Lügen »abzulegen«. Kolosser 3,12-13 ermahnt uns, herzliches Erbarmen, Freundlichkeit, Demut, Sanftmut, Geduld und Vergebung »anzuziehen«. Dies ist eine ganz bestimmte Lebenshaltung. Wenn ich sie in meinem Leben verwirkliche, bin ich in dieser Beziehung Gott gehorsam. Das Wort Gottes unterstützt jedoch keine »teilweise Heiligung«. Wir können uns nicht damit zufriedengeben, in einigen Bereichen Gottes Willen zu tun und in anderen Bereichen eigene Wege zu gehen. Die Bibel sagt uns sogar, daß wir Gott kein Opfer bringen sollen, solange unser Bruder etwas gegen uns hat (Matthäus 5,23-24). Der Wille Gottes soll uns immer selbstverständlicher werden. Geduld ist zum Beispiel eine Eigenschaft, die unseren ganzen Lebensstil prägt – eine Frucht, die der Heilige Geist in unserem ganzen Leben und in jeder Situation in uns wirken will. Was Gott gern bei uns sehen möchte, faßt Paulus in die Worte zusammen: ». . . in allem guten Werk fruchtbar und in der Erkenntnis Gottes wachsend . . .« (Kolosser 1,10).

Wie paßt unsere Zeitplanung in den Willen Gottes?

Wir stehen oft vor Fragen wie: »Wann soll ich Urlaub nehmen?« – »Wann soll ich meine Stellung aufgeben?« – »Wie lange soll ich bei meinen Eltern wohnen?« – »Wann sollen wir in ein größeres Haus ziehen?« – »Wann soll ich den Brief schreiben?« – »Wann soll ich ein neues Auto kaufen?« – »Wann soll ich heiraten?« – »Wann soll ich meinem Freund von Jesus Christus erzählen?« – »Wann sollen wir eine Familie gründen?« – »Wie lange soll ich mich mit dieser Situation abfinden?«

Das Wort Gottes sagt uns, *was* Gott von uns will, aber sagt es uns auch, *wann* wir etwas tun sollen? Ein Hauptanliegen des Wortes Gottes ist es, daß wir die Gebote und Grundsätze *jetzt* beachten und ausführen. »Jetzt ist der Tag des Heils« (2. Korinther 6,2). *Jetzt* ist die Zeit da, wo ich meinen Nächsten lieben soll (Römer 13,11-14). *Jetzt* ist es Zeit, mich dessen zu schämen, was ich vor meiner Errettung getan habe (Römer 6,21). *Jetzt* sollen wir nach der Gerechtigkeit hungern und dürsten (Lukas 6,21). In den Fragen, die das Wort Gottes behandelt, haben wir also die Verantwortung, *jetzt* zu wirken. Wann soll ich mit meinem Freund über Jesus Christus sprechen? *Jetzt!* Wann soll ich meinen Bruder lieben? *Jetzt!* Wann soll ich meinen Eltern folgen? *Jetzt!* Wann soll ich den Brief schreiben, in dem ich meinen Fehler zugebe? *Jetzt!*

Ein anderes großes Anliegen der Heiligen Schrift ist es, daß der Christ die Zeit nicht als *Chronologie* – griechisch »chronos« –, sondern als *Gelegenheit* – griechisch »kairos« – betrachten soll. Es ist »gelegene Zeit«, und der Gläubige soll »die Zeit auskaufen«, indem er den Willen Gottes versteht und tut (Galater 6,10; Epheser 5,15-17; Kolosser 4,5). Jede Lebenslage soll also als Gelegenheit angesehen werden, den Willen Gottes zu tun.

Die Betonung des Wortes liegt auf dem *Was, Warum* und *Wie* und nicht so sehr auf dem *Wann.* Die Frage, was ich in meinem Urlaub mache, ist wichtiger als die Frage, *wann* ich meinen Urlaub nehme, denn es handelt sich um eine Zeit, die ausgekauft werden soll – dabei spielt der Zeitpunkt keine Rolle. Die Frage, *warum* ich meine Stelle aufgeben will, ist von größerer Bedeutung als die Frage, *wann* ich sie aufgebe, denn dies ist eine Entscheidung, die im Zusammenhang mit den Grundsätzen der Bibel gefällt werden soll – ungeachtet der Zeit, in der sie stattfindet.

Wenn die Zeit als »Gelegenheit« angesehen wird, ist es offensichtlich, daß es bestimmte Zeiten gibt, die günstiger, »gelegener«, für uns sind, etwas zu unternehmen. Für eine Familie gibt es eine Zeit, die für den Urlaub am günstigsten ist. Wenn sie ihren Urlaub dann in dieser Zeit nimmt und die Zeit nutzbringend verwendet, tut sie Gottes Willen.

Wann soll ich heiraten? Stelle zuerst fest, ob du gerade jetzt heiraten kannst. Vielleicht sind Schule, Reisen, Beruf und so weiter Gelegenheiten, die du nützen willst, bevor du heiratest. Wenn du aber jetzt schon bereit bist, suche zuerst den richtigen Partner. Dann solltet ihr beide entscheiden, wann die Zeit für alle, die in der Hauptsache betroffen sind, am günstigsten ist. Dies wird euch immer genauer auf ein bestimmtes Datum zuführen. Wenn ihr euch noch nicht lange kennt oder euer Beieinandersein nicht immer sehr erfreulich ist, werdet ihr diese Tatsachen ebenfalls berücksichtigen.

Wann werden deine Schmerzen nachlassen? Vielleicht nächste Woche? Vielleicht nie? Das einzige, was du inmitten von Not und Schmerzen mit Sicherheit über den Willen Gottes weißt, ist, daß seine Gnade für deine Not ausreicht (2. Korinther 12,7-9; Philipper 4,19). Es liegt in deiner Verantwortung, jetzt die Gelegenheit zu ergreifen, um dir diese Zusage Gottes zu eigen zu machen. Gottes Ratschluß für unser Leben beruht auf einem festen Zeitplan; aber wir kennen diesen Plan nicht, und sein Wort offenbart ihn uns auch nicht (Prediger 3,1-11). Aber Gottes Wunsch ist uns geoffenbart worden, und unsere Aufgabe ist es, unsere Zeit so zu nutzen, daß wir unserer biblischen Verantwortung ganz gerecht werden.

Wie steht es mit den Örtlichkeiten und dem Willen Gottes?

Soll ich eine Hochschule besuchen? Soll ich den Sommer in einem Lager verbringen? Sollen wir in ein anderes Land ziehen? Soll ich mir eine eigene Wohnung nehmen? Sollen wir in einer kleinen Stadt wohnen? Auf welches Missionsfeld soll ich gehen? Die ortsbezogenen Fragen nehmen kein Ende und werfen in uns eine Grundfrage auf: Sagt Gott, der uns angibt, was wir tun sollen, auch, wohin wir gehen sollen?

Gott sagt uns klar, wohin wir gehen sollen, um das Evangelium zu predigen: überallhin – »in Jerusalem und in ganz Judäa und Samaria und bis ans Ende der Welt« (Apostelgeschichte 1,8). Aber wie kann ich wissen, ob ich persönlich an einen fernen Ort gehen soll, um zu predigen? Und an welchen Ort soll ich dann gehen? Das Wort Gottes läßt keinen Gläubigen aus, wenn es gebietet, das Evangelium zu predigen. Und es schließt auch keinen Gläubigen von der Aufforderung aus, in alle Welt zu gehen. Jeder Christ muß also bereit sein und sich zur Verfügung halten, irgendwo hinzugehen und das Evangelium zu verkündigen. Wir sollten gegenüber äußeren Umständen und Ratschlägen, gegenüber inneren Trieben und einem Gefühl der Zufriedenheit äußerst aufgeschlossen sein. Wenn alle diese Dinge auf einen bestimmten Ort hinweisen, könnte das ein gutes Zeichen dafür sein, daß uns Gott dort haben will. Die Tatsache, daß in unserem Land bereits das Evangelium bezeugt wurde, während dies in anderen Ländern nicht oder nur in sehr geringem Maße der Fall ist, könnte uns auf eine gute »Gelegenheit« hinweisen, irgendwohin zu gehen und dort Gottes Willen zu erfüllen.

Abgesehen von der Verantwortung, das Evangelium überall zu verkündigen, sagt die Bibel dem Christen nicht, wo er arbeiten, spielen, studieren, anbeten oder leben soll – geographisch gesehen. Die Heilige Schrift legt größeren Wert auf das, *was* ein Gläubiger tut, als *wo* er es tut. Unsere Gründe, an einem bestimmten Ort oder in einer bestimmten Gegend zu bleiben, können und sollen auf biblischer Grundlage beruhen. Wenn du in eine Gegend ziehen mußt, deren Klima deinem Kind besser bekommt, so wirst du dich als besorgte, liebende Mutter ohne Widerstreben dafür entscheiden. Das ist ein Ortswechsel, der biblisch begründet ist. Wenn du deinen Studienort wechselst, wirst du dafür bestimmte Gründe haben – eine bessere Ausbildung, bei einem bestimmten Professor zu lernen, bei bestimmten Freunden zu sein oder irgendein anderer Grund. Aber jeder einzelne Grund kann mit deinem persönlichen Wachstum in Beziehung gebracht werden. Auch Gott ist brennend daran interessiert.

Wenn du in der Firma einer kleinen Stadt eine Stelle annimmst, kannst du dies damit begründen, mehr Zeit zu haben, um deinen biblischen Verpflichtungen dir selbst und deiner Familie gegenüber nachzukommen. Andererseits kann es sein, daß du in einer bestimmten Gegend nicht glücklich bist, und du machst das Wetter, die Leute, die dort leben, den kulturellen Hintergrund, die große Entfernung von deiner Heimat und so weiter für dein Unglücklichsein verantwortlich. Aber die Heilige Schrift sagt uns, daß das Glücklichsein in uns vom Heiligen Geist gewirkt wird (Galater 5,22-23) und daß wir lernen müssen, mit den Umständen zufrieden zu sein, auch wenn wir diese nicht als ideal bezeichnen können (Philipper 4,11).

Wir sollen personen-, nicht ortsbezogen leben. Paulus war auf seinen Reisen immer personenbezogen. Er schrieb den Gläubigen in Rom, daß er sie besuchen wolle, »um euch etwas geistliche Gabe mitzuteilen, damit ihr gestärkt werdet, das heißt aber, daß ich mitgetröstet werde unter euch durch den gemeinschaftlichen Glauben, den euren und den meinen« (Römer 1, 11-12). Seine Begründung waren die zwischenmenschlichen Beziehungen, nicht die geographische Lage. Der Herr sagte deutlich, daß wir alle ebenso eingestellt sein sollen, indem er uns gebot, Gott über alles und unseren Nächsten wie uns selbst zu lieben (Matthäus 22,37-39). Wir müssen diese Verantwortung dort tragen, wo wir gerade sind, und wenn wir einen Ortswechsel vornehmen – aus Arbeitsgründen, gesundheitlichen, schulischen oder Altersgründen –, so sollen wir uns dessen bewußt sein, daß wir auch an unserem neuen Wohnort genügend Gelegenheit haben werden, dieser Verantwortung gerecht zu werden.

Wie steht es mit dem Beruf und dem Willen Gottes?

Die Bibel ist kein Handbuch der Berufsberatung. Sie sagt uns nicht, welche Laufbahn richtig und welche falsch ist; sie sagt auch nicht, welche Laufbahn jeder einzelne einschlagen soll. Sie gibt uns Maßstäbe dafür, welche Handlungen und Beziehungen richtig und welche falsch sind. Wenn du mit dem Gedanken spielst, Bankräuber zu werden, so vergiß das wieder, denn die Bibel sagt: »Du sollst nicht stehlen!« (2. Mose 20,15). Wir sollten einen Arbeitsplatz haben, der es uns ermöglicht, uns so zu unterhalten, daß wir »ehrbar wandeln vor denen draußen« (1. Thessalonicher 4,11-12). Wir sollten alle unsere Berufsziele anhand der Frage beurteilen, ob dieser Beruf Handlungen oder Beziehungen in sich schließt, zu denen das Wort Gottes nein sagt.

Die grundlegende Berufsberatung, die das Wort Gottes dir als Gläubigem gibt, lautet: »So ermahne ich euch nun, . . . daß ihr würdig wandelt der Berufung, zu welcher ihr berufen worden seid . . .« (Epheser 4,1). Jeder Gläubige hat neben dem Beruf, mit dem er sich selbst und seine Familie erhält, diese Berufung. Ungeachtet deines Berufs kannst du deiner geistlichen Berufung würdig wandeln.

Die Heilige Schrift sagt dir nicht, *welchen* Beruf du wählen oder gar *wie* du ihn wählen sollst. Du solltest deine eigenen Interessen, Wünsche und Talente beurteilen, dir von Menschen, die in den Berufen tätig sind, die dich interessieren, reichlich Rat einholen, gegenüber den Umständen – Stellenangebote, Dinge, die du irgendwo liest, Kurse, Aufgaben und Projekte, die dich sehr anregen – offen sein und deine eigenen Gefühle konsequent überwachen, um feststellen zu können, was deinem Leben Sinn und Erfüllung bringt. Gott wird in allen diesen Dingen wirken und dir die Erkenntnis seines Willens in bezug auf deine berufliche Laufbahn geben.

Wie steht es mit dem vollzeitlichen Dienst im Werk des Herrn? Alle Anweisungen des vorhergehenden Abschnitts sind auch hierfür gültig, aber daneben besitzen wir noch eine genauere Offenbarung in der Heiligen Schrift. 1. Timotheus 3,1-13 ist eine Schlüsselstelle hierzu, während Titus 1,5-9 als Parallelstelle dasselbe Thema behandelt. Paulus sagt: »Wer nach einem Aufseheramt trachtet, der begehrt eine schöne Wirksamkeit« (1. Timotheus 3,1). Beachte, daß hier ein Begehren, ein Wunsch vorliegen kann und soll. Wenn jemand in das Werk des Herrn geht, so sollte er den großen Wunsch haben, dies zu tun. Beachte auch, daß dies eine »schöne« Wirksamkeit ist. Das griechische Wort für »schön« bedeutet »gut«, »hervorragend«, »ordentlich«, »richtig«. Der Dienst für den Herrn soll als äußerst wichtige, bedeutsame und befriedigende Arbeit angesehen werden.

In 1. Timotheus 3,2-7 sind die Bedingungen hierfür aufgezählt. Sie umfassen all die verschiedenen Bereiche des Charakters und des Verhaltens, und zwar sowohl in öffentlicher als auch in privater Sicht. Ein junger Mensch, der sich zum Dienst für den Herrn berufen fühlt, sollte einen Lebensstil entwickeln, der diese Eigenschaften zum Ziel hat. Wie kann er feststellen, ob sich sein Leben in dieser Richtung bewegt? Er sollte klug sein und sich selbst beurteilen und auch die geistlichen Führer der Gemeinde bitten, ihn in bezug auf diese Eigenschaften zu beurteilen. Timotheus und Titus wurden auf diese Eigenschaften hingewiesen, damit sie andere beraten und beurteilen konnten, die geistliche Führungspositionen übernehmen wollten.

Wenn die inneren Bedingungen und die äußeren Umstände gegeben sind, solltest du die Gelegenheit suchen, bei einem bereits geistlich reifen Führer zu lernen und diesem erlauben, dich für dein wichtiges Amt zu rüsten. Dieses Vorgehen wird in 2. Timotheus 2,2 klar dargestellt: »Und was du von mir gehört hast durch viele Zeugen, das vertraue treuen Menschen an, welche fähig sein werden, auch andere zu lehren.« Eine solche Zurüstung sollte innerhalb der örtlichen Gemeinde stattfinden und kann durch den Besuch einer Bibelschule ergänzt werden.

Sollte jeder junge Mensch von der Erwartung ausgehen, daß sich sein berufliches Ziel während seiner Schul- oder Studienzeit so klar herauskristallisieren wird, daß er ohne

Zögern sofort eine berufliche Laufbahn einschlagen kann? Obwohl dies wünschenswert wäre, ist das nur bei einigen der Fall. Wenn es Faulheit ist, die mich veranlaßt, nur gelegentlich zu arbeiten, oder wenn mich meine mangelnde Verläßlichkeit von einem Arbeitsplatz zum anderen treibt, bin ich in bestimmten Bereichen meines persönlichen Lebens eindeutig Gott ungehorsam. Wenn ich aber ganz ehrlich und aufrichtig sagen kann, daß ich nicht sicher weiß, was ich tun soll, sollte ich mich damit nicht zermartern, sondern die Zeit auskaufen, das heißt, ich sollte verschiedene Gelegenheiten und Möglichkeiten gegeneinander abwägen und prüfen, damit ich so klar wie möglich erkennen kann, in welchem Beruf ich meine gottgegebenen Fähigkeiten am besten entdecken, entfalten, und anwenden kann. Wenn ein Mensch aus dem gleichen Grund seinen Arbeitsplatz oder sogar seinen Beruf wechselt, so ist dies in meinen Augen nichts Falsches. Es gibt viele, viele Berufe, in denen man sich zur Ehre Gottes einsetzen kann.

Kann mir ein anderer sagen, was der Wille Gottes für mein Leben ist?

Ja, denn eine andere Person weiß vielleicht besser, was das Wort über ein Problem, dem du gegenüberstehst, lehrt. Wenn dies der Fall ist, so ist es möglich, daß er dir sagen kann, was der Wille Gottes für dich ist. Gläubige sollten sich gegenseitig beraten (Römer 15,14; Galater 6,1; Kolosser 3,16). Eltern sollten das auch bei ihren Kindern tun (Epheser 6,1-4; Kolosser 3,20), Prediger für ihre Gemeinde (2. Timotheus 4,2; Hebräer 13,7.17) und alte Leute für junge Leute (Titus 2,1-6).

Auf Gebieten, wo das Werk Gottes keine ausdrücklichen Anleitungen gibt, wie zum Beispiel in Orts-, Berufs- und Zeitfragen, können die älteren, erfahreneren und reiferen

Christen ihren Rat anbieten. Ein solcher Rat kann eine wirkliche Hilfe sein, aber er sollte nicht als ausschlaggebender »So sagt-der Herr«-Rat gedeutet werden. Es kann nämlich sehr gut sein, daß dieser Rat nicht frei ist von Parteilichkeit, Vorurteilen, Unwissenheit und unüberprüften Erfahrungen. Gott will, daß wir lernen, in Abhängigkeit von ihm die Einsichten anderer Glieder des Leibes Christi für uns auszuwerten und gleichzeitig unabhängig von Menschen das Wort Gottes untersuchen, um den Willen Gottes zu erkennen.

ZUSAMMENFASSUNG

Beschreibung des Willens Gottes

Wie wir gesehen haben, bezieht sich der Wille Gottes entweder auf den festgelegten oder auf den erwünschten Willen Gottes. Diese beiden Aspekte lassen sich folgendermaßen vergleichen:

Gottes Wunsch	*Gottes Ratschluß*
Wir sollen »verstehen, was des Herrn Wille sei« (Epheser 5,17).	Er »wirkt alles nach dem Ratschluß seines Willens« (Epheser 1,11).
Dies ist Gottes erwünschter Plan.	Dies ist Gottes vorherbestimmter Plan.
Er ist wünschenswert – das, was nach seinem Wunsch geschehen soll. Dies kann geschehen, muß aber nicht geschehen.	Er ist unwiderruflich – das, was auf jeden Fall geschehen wird.
Er bezieht sich auf die persönliche Errettung und auf den Vorgang der Heiligung.	Er bezieht sich auf alles, was in der Welt geschieht.
Alles, was wir wissen müssen, um errettet und geheiligt zu werden, ist durch Anweisungen und Grundsätze in der Heiligen Schrift geoffenbart.	Wir können ihn im einzelnen erst erkennen, nachdem er geschehen ist. Wir können nur das aussagen, was in der Heiligen Schrift geoffenbart ist.

Gottes Wunsch	*Gottes Ratschluß*
Er schließt die Allmacht Gottes und die Verantwortlichkeit des Menschen mit ein.	Er schließt die Allmacht Gottes und die Verantwortlichkeit des Menschen mit ein.
Sein Endzweck ist die Verherrlichung Gottes.	Sein Endzweck ist die Verherrlichung Gottes.

Gott hat uns in bezug auf seinen Ratschluß bestimmte Dinge geoffenbart. Die Realität dieses Willens wird in der Heiligen Schrift eindeutig gelehrt. Der Grund dafür – die Allmacht Gottes – wird ebenfalls klar ausgearbeitet. Und auch das Ziel – die Verherrlichung Gottes – wird aus dem Werk Gottes ersichtlich. Aber der eine Punkt, über den wir alle gern mehr wissen wollten – die genauen Einzelheiten –, zählt zum größten Teil zu den verborgenen Dingen, die dem Herrn, unserem Gott, gehören (5. Mose 29,29). Der Wunsch Gottes ist kein Geheimnis. Die Einzelheiten seines Ratschlusses für unser Leben sind deutlich in der Heiligen Schrift geoffenbart. Wir können und sollten ihn kennen und ausführen.

Wenn du vom »Willen Gottes« sprichst, mußt du genau wissen, auf welchen Willen du dich beziehst. Wenn du sagst: »Ich sehe dich nächste Woche, so Gott will«, meinst du damit den Ratschluß Gottes. Diese Aussage ist sehr genau und zutreffend (Jakobus 4,13-16). Ob du deinen Freund wirklich nächste Woche sehen wirst, wird im Wort Gottes nicht geoffenbart. Du weißt erst, ob dies ein Teil des Planes Gottes für dein Leben war, wenn du deinen Freund wirklich siehst. Wenn du ihn siehst, war es der Wille Gottes. Wenn du ihn nicht siehst, war er es nicht.

Du kannst auch sagen: »Ich möchte, daß nächste Woche in der Versammlung der Wille des Herrn geschehe.« Nun beziehst du dich auf den Wunsch Gottes. Was du vor und während der Versammlung sagst und tust – falls sie stattfindet –, kann die Erfüllung des Willens Gottes sein. Dies geschieht, wenn die Haltung, die Handlungen und Entscheidungen der Beteiligten in Einklang mit dem Wort Gottes stehen.

Die Erkenntnis des Willens Gottes

Der Wunsch Gottes läßt sich im Wort und im Wirken Gottes erkennen. Diese beiden Faktoren können folgendermaßen betrachtet werden:

Man erkennt ihn
im Wort Gottes,
in seinen Geboten,
in seinen Grundsätzen.

Dies ist die primäre
und ausreichende
Offenbarung des
Willens Gottes
für den Ungläubigen
und den Gläubigen.

Man erkennt ihn
im Wirken Gottes,
in der Welt (äußerlich),
in der Person (innerlich),
durch Umstände,
Ratschläge,
Folgen,
Gewissen,
Vernunft,
inneren Trieb,
Zufriedenheit.
Dies ist die sekundäre und ergänzende Offenbarung des Willens Gottes.

Das Werk Gottes ist in erster Linie die ausreichende Offenbarung des Willens Gottes. Seine Gebote und Grundsätze sagen uns, was wir wissen müssen, um errettet zu werden und in der Heiligung fortschreiten zu können. Das Wort Gottes liefert dem Gläubigen eine vollständige Offenbarung des

Willens Gottes – vollständig in dem Sinn, daß jeder Lebensbereich darin zur Sprache kommt. Sie ist jedoch nicht umfassend, da nicht jede Einzelheit des Lebens darin behandelt wird. Aber es ist eine Offenbarung, die uns gründlich ausrüstet, Gottes Willen zu tun. Die Kenntnis der Heiligen Schrift ist deshalb für jeden, der am Willen Gottes interessiert ist, eine Pflicht und Voraussetzung. Es gibt keine gekürzte Fassung und keinen Ersatz.

Der Gott, der in der Bibel zu uns spricht, wirkt auch in unserem Leben und in unserer Welt auf mannigfaltige Weise. Wir haben gesehen, daß er die Umstände, Ratschläge von anderen, die Folgen unserer Handlungen und anderes benutzt, um uns auf seinen Willen aufmerksam zu machen. Wir haben ebenfalls untersucht, wie unser Verstand, unsere Gefühle und unser Wille in den Prozeß der Erkenntnis und Ausführung des Willens Gottes eingegliedert sind. Alle diese Faktoren sind wichtig, aber nicht unfehlbar. Wir müssen also die äußeren und inneren Zeichen ständig überprüfen, um feststellen zu können, ob Gottes Wort sie bestätigt.

Du kannst den Willen Gottes für dein Leben erkennen. Dieser Wille ist nicht etwas Unbestimmtes und Geheimnisvolles, das du nur erraten oder erahnen kannst. Er ist nicht etwas Flüchtiges, das du versuchen mußt, einzufangen und festzuhalten. Der Wille Gottes ist ganz einfach das, was sich Gott für dein Leben wünscht. Und er ist so sehr daran interessiert, daß du diesen Willen kennst und ausführst, daß er ihn in seinem Wort für dich geoffenbart hat. Mögest du »erfüllt werden mit der Erkenntnis seines Willens in aller geistlichen Weisheit und Einsicht . . .« (Kolosser 1,9).

Und noch etwas. Erinnerst du dich noch an die eine Frage? Du solltest sie nun mit biblischer Gewißheit beantworten können: War es der Wille Gottes für dich, dieses Buch zu lesen?